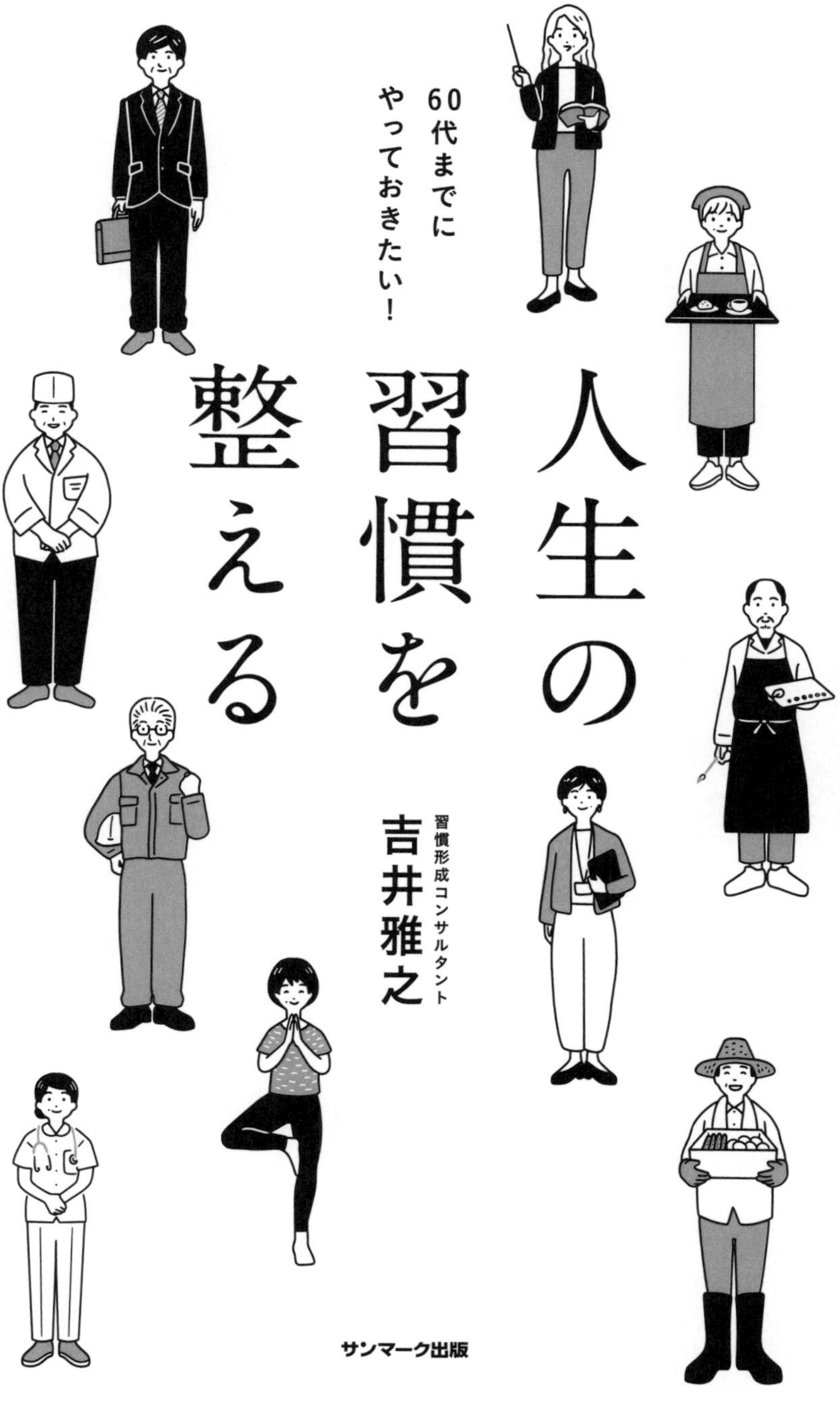

60代までに
やっておきたい！

人生の習慣を整える

習慣形成コンサルタント
吉井雅之

サンマーク出版

もっと人生を楽しく
生きてみないか？

心が折れてしまった人を何人も見てきた。
志半ばであきらめ、
人生の残りの時間を目的もなく、
ただなんとなく生きている人の姿を……。

そういう人たちに向かって、
私は次の言葉をかけてきた。
「もっとメンタルを強くしなきゃダメだ」と。

「心が弱っている人にはキツい言葉だよ」
多くの人たちに言われたが、何を言っているんだ！
私はいつもそういう気持ちに駆られる。

メンタルを強くする方法って、滝に打たれたり
熱い火のうえを素足で歩いたりすることじゃない。
もっと、すごくシンプルな方法がある。
そのことを知らないから常に心が強くならないのだ。

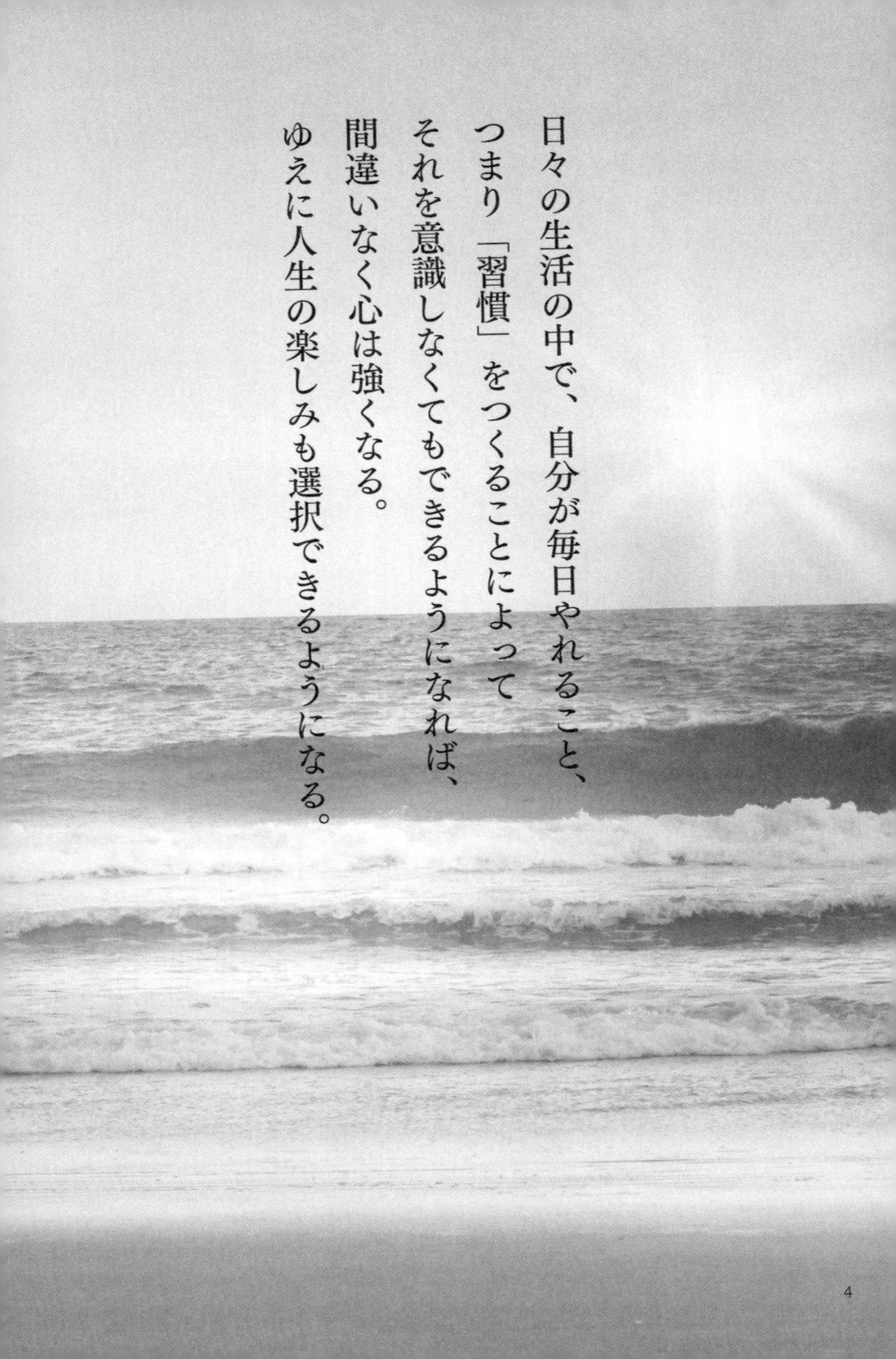

日々の生活の中で、自分が毎日やれること、
つまり「習慣」をつくることによって
それを意識しなくてもできるようになれば、
間違いなく心は強くなる。
ゆえに人生の楽しみも選択できるようになる。

まずは、自分自身を知ることから始めよう。
自分ができる「習慣」を整えて
自分の人生の「主人公」になろう。
人生はいつからでも出直せる。
すべては、その気持ちから始めよう。

さぁ、心の扉を開こうじゃないか！

序章

人生の面白さと「習慣」の秘密

思考に気をつけなさい、それはいつか言葉になるから。
言葉に気をつけなさい、それはいつか行動になるから。
行動に気をつけなさい、それはいつか習慣になるから。
習慣に気をつけなさい、それはいつか性格になるから。
性格に気をつけなさい、それはいつか運命になるから。

マザー・テレサ

今この本を手にしてくれているあなたは、**一体どんな人間**だろうか？

家族や配偶者はいるのか？　子どもはどうだろうか？　恋人は？

仕事は順調か？　毎日を満足して生きているだろうか？


それぞれに何かを考えながら**日々を過ごしている**と思う。

私だって同じだ。あっという間に60代も半ば近くになり、目の前に続く道よりも、これまで歩いてきた道のりのほうが長くなった。圧倒的に長い道を歩いてきた。

できることよりも、できないことのほうが増えたと思う。

健康だって、ずっと好調を維持できれば喜ばしいかぎりだが、突然やってくる思いもよらない病に、一喜一憂している人もきっと少なくないはずだ。

まだ若い時分は**「強さ」「賢さ」「デカさ（大きさ）」「高価なもの」**が重要だと思い込み、**「勝ち負け」**や**「損得」**にもこだわってきた。力をもつことが幸せや喜びに変わると信じていたから、ただがむしゃらに働いた。汗を流すことが美徳だと決めつけ、**仕事とは人生そのもの**……と思っていた。

「人生から仕事を取ったら何も残らない」

ちょっとだけ焦る気持ちを抱きながら、仕事をすることで、喜び、嬉《うれ》しさ、楽しさ、悲しみ、怒り、嫉妬、やっかみ、ひがみ、情けなさなど、さまざまな喜怒哀楽の感情を味わってきた。いろいろな経験が、人間関係への理解を深めるきっかけにもなっただろう。それが己の成長にもつながったと思う。

きっと本書のコア読者である**「昭和」のど真ん中を生きてきた世代**（特に男性）は、汗を流して猛烈に働くことで生きている実感を感じ取っていたに違いない。

しかし……だ。大手企業の役職者でも、中小企業の社長でも、会社を辞めれば、ただの「おじさん」と「おばさん」である。糸が切れた凧《たこ》のように、急に肩書きや地位・名誉がなくなったとたん、生きる気力を失う人たちが後を絶たないのはどうしてか。

あなたは、いかがだろうか？

自分がどのような人間なのか、年齢を重ねるたびに、本来の自分らしさを見失っていないだろうか。

私は**「習慣形成コンサルタント」**として、数多くの企業や一般の会社員、学生から子どもたちまで、約6万人の方たちに**「習慣」の大切さと素晴らしさ**を伝えてきた。

「習慣」とは、**潜在意識への刷り込みが引き起こす無意識の反応のこと**を言う。自分では意識せずとも何気なくやってしまう行為を「習慣」と呼んでいる。

年齢を重ねるとともに、擦り切れてしまうのが人生ではない。真実はその逆で、人生とは、**自分自身を磨くことで意識と行動が変わり、本来はどんどん輝いていくもの**なのだ。だからこそ生きていること、すなわち人生は面白いのである。

そんな人生を面白くするための、**とっておきの武器が「習慣」**と言っても過言ではないと私は断言できる。

大事なのは「命をどう使うのか？」ということ。

たった一度きりの人生を楽しむために授かった「命」。

最期の最期まで使わずして、どうするんだ！　と檄《げき》を飛ばしたくなる。

「歳《とし》をとった」「会社を定年退職した」「ひとりぼっちになった気がする」など、どれもがあなたの**生きる活力を削《そ》いでしまう言葉**である。そんな言葉を並べて、人生が楽しくなるわけがない。そう思わないか？　一体、誰が楽しさを奪っているのだろうか。

思いきって自分のOSを書き換えてみよう

人生、面白いのは「こ・れ・か・ら」だ！

50代半ばから60代になったら、まずはそう自覚してみよう。

まだまだこれから**「自分にはできる」**で生きてみようじゃないか。

今までにも、自分の才能や思考の使い方を学んでこられた方は多いだろう。その学びと実践は、ぜひ続けていってほしい。そして、それ以前に「自分にはできる」という気持ちを受け入れられる自分自身であることの大切さを忘れないでいただきたい。

「自分にはできる」は、決して過信ではなく、自分の未来の成功を信じる**「種」**となる。自らの意志と力で水やりを怠らないことによって、どんな芽が出るかは、あなた次第なのだ。

私はよく、パソコンにたとえて話をする。

あらゆるソフトは、そのもとになる**OS（Operating System＝オペレーティングシステムの頭文字）**という基本ソフトがなければ、一切起動しないだけではなく、古いOSのままだと最新のソフトはインストールできない。

同様に、私たち人間の脳をコンピューターにたとえると、基本となるOSは一体何だろうか？　あなたが置かれた環境や背景もOSを構成する要素になるだろう。

昭和の真《ま》っ只中《ただなか》で社会人として育ってきた人のOSと、平成や令和に社会人となった人のOSとでは、そもそものOSがまったく違うのは想像に難くない。

この本を手に取っていただいている方々の中には、その違いに戸惑っている方もいらっしゃるだろう。または、いまだに現実を直視しないで、

「何だそれ？　俺はこうやって今までやってきたんだから関係ない」

そういう人たちのことを**「老害」**という言葉で世間は揶揄《やゆ》している。そうやって、職場のみんなから距離を置かれている事実にも気づいていない人までいる。

そうならないためにも私は次の言葉を本章に記しておきたい。

「私は進化できる」
「私はやればできる」

「私にはやれる自信がある」

そういう心定めを明確にもっていないから、過去の栄光にしがみついてしまう人がいるのだ。いつまで経《た》っても自分は昔のままだと錯覚し、その世界から抜け出せない。

そんな人たちとは対照的に、いくつになっても成長することを目指し、情熱をもって未体験のことにもチャレンジしながら、果敢に生きている人たちに共通していることがある。それは**「人間力」の高さだ。器の大きさに比例していると言ってもいい。**

人間力が高い（器が大きい）人は、自分のためだけには動かない。

「何のために動くのか。何のために働くのか」

そんな心根がはっきりしているので、家族のため、スタッフやその家族のため、仲間のため、地域のため、そして、もちろん日本のためだから頑張れる。「やるんだ」という気持ちがあるからこそ**「やればできる」**という思いが生まれてくるのだ。

人間力を向上させる訓練を続けよう。「自分にはできる」という自信さえもっていれば、どんな状況の中にいたとしても道は必ず開けることを約束しよう。

さぁ、人生はここからが本番だ！

人生を整えることを恐れるな！

本書の軸は「人生の習慣を整えること」である。

何も人生のすべてを大きく変化させることが目的ではない。

大それた目標を掲げたあげく、すぐ息切れしてしまっては本末転倒だ。そのためにも4つの章ごとに無茶をせず、できることから習慣を整える術《すべ》を取り上げてみた。


「仕事を整える」

「自分を整える」

「生活を整える」

「人間関係＋お金を整える」


人生100年時代の後半において課題は2つある。

ひとつは、**〝自分にとって必要なことをするという思考習慣と行動習慣〟**を身につけること。そしてもうひとつは、〝**自分にとって不必要なモノを捨てるという思考習慣と行動習慣**〟を身につけることである。そうやって自分という「個性」を残りの人生で発揮するのだ。

50代半ばから60代だからこそ必要なモノ――それは**「夢をもつこと」**と**「強烈な願望を抱くこと」**である。せっかくなら小さな夢やそこそこの願望ではなく、でっかくて強烈に野心を燃えたぎらせた夢や願望を抱こうではないか。残された人生で最高の夢を見ようじゃないか、強烈な願望を抱こうじゃないか。志高く生き抜いて、使命をまっとうし、天命へ挑戦しよう。そして、後世に伝承・伝達していこうじゃないか。

「いつか○○しよう」

「いつか○○できればいいな」

そんな気持ちはもたないことだ。それに甘んじる自分の習慣グセをなくそう。

小さくてもいい。一歩前へ、一歩前へ……を忘れずに。

そして、最後に大切なことを付け加えておこう。

日常の行動の一つひとつにおいて、**他人さまを少しでも思いやる**ことができていれば、おのずと他者から愛される人になるはずだ。他者から愛されることによって**ツキに恵まれ、運も開けていく**だろう。

そして、これからの残りの人生はまさしく、落ち着いて、丁寧に、その部分を実践していきたいと常に私自身も思っている。そうしているうちに、年齢とともに醸し出される「愛嬌《あいきょう》」というものが、ツキを呼び、運を開く重要なポイントになるだろう。

「愛されているコトには敏感に、わかってもらえないコトには鈍感に」
「幸せには敏感に、不幸せには鈍感に」

そんな思考習慣が人生の中で整えば、必ず人生は豊かになって最高に楽しくなる。

本書を最大限に活用しながら、自分らしく人生を謳歌《おうか》してみてほしい。

習慣形成コンサルタント
吉井雅之

人生の習慣を整える10の基本レッスン

さぁ、今からでも勇気を振り絞っていこう

①他人さまを気にしない

今さら他人さまの評価なんて気にしなくていい。それに重きを置けば置くほど、自分が本当に求めているものが見えなくなる。ここまで組織の中で、ともすれば「こうあるべき」で生きてきたんじゃないか。もういいよ、その人生は。

これから先は他人の意見・意思によって人生が決められることのないようにしよう。他人のことを気にすれば気にするほど、取れる行動の幅はどんどん狭くなり、自分の首を締めてしまう。

もういいでしょ、他人の目なんて気にしなくて。人生、面白いのは「こ・れ・か・ら」だ。大切なのは「私」という主語。**「私がどうしたい」「私が何をしたい」「私がどんな人生を生きたい」**が大事。そこだけにフォーカスすればいい。

② 幸せを感じ、噛《か》み締める意識をもとう

あなたにとっての幸せとは何か？　まず、自分の幸せの「定義」を再確認してほしい。もし現在、幸せを感じることができていないのであれば、それって誰かと比べたり、分不相応な高望みをしたりしていないかを確認しよう。

「幸せ」とは「なるもの」ではなく**「感じるもの」**だ。一度、幸せを感じるハードルを下げてみよう。

例えば**「命があるだけで幸せ」**と感じること。すると**「食べるものがあって幸せ」「着るものがあって幸せ」「住む場所があって幸せ」**も感じられるようになる。日常から幸せを感じることができれば、ありがたさも増していくものだ。

そうして自分自身が満たされているという感覚を抱けば抱くほど、あなたの内面から滲《にじ》み出てくるモノが変わり、多くの人を引き寄せるのである。それがあなたの培ってきた魅力であり、オーラなのだ。

③他人さまのために「尽くす」意識をもとう

自分の軸を明確にしながら生きていても、自分のことだけを考えているなら、どんどん心の質は低下して心がすさんでいく。まず自分が他人さまのために尽くすこと、提供することで、自分が求めているものが返ってくるだろう。

それは、ビジネスでも人間関係でも同じこと。「この人のために何が提供できるだろうか？」「自分がこの人の役に立つってどういうことなんだろうか？」というような問いを、自分に投げかける習慣をもってほしい。すると、その行為や行動が直接的にできるできないにかかわらず、驚くほど人生すべてが豊かになっていくはずである。

④くよくよと悩まない意識をもとう

人間なので悩みがあるのはしょうがないことだ。もちろん私にもたくさんの悩みがある。しかし、それをいつまでもくよくよと悩んで行動に移さず、時間をムダにするのは非常にもったいないことだ。その意識が、これからの人生で重要なポイントのひとつになることは間違いない。

例えば、新しいことに挑戦してうまくいかなかったときも、「〝**なぜ**〟うまくいかなかったんだ？」「〝**どうして**〟うまくいかなかったんだ？」などと原因追究に多くの時間をかけるのではなく、「〝**どうしたら**〟次はうまくいくだろう？」と実際に現実世界を変えるための建設的な解決策を出す問いかけをしてみよう。

「なぜ？」
「どうして？」
「どうしたら？」

この思考の習慣は年齢とともに強く意識しないと、ついつい原因追究へと向いてしまう。時間は命である。くよくよウジウジ悩むのは自分の命をムダづかいしている、つまり命をゴミ箱に投げ捨てているのと同じことになるのだ。

⑤もっと家族との時間を大切に過ごそう

これは本当に大切なことである。自分にとって身近な人、家族を大切にできない人が、仲間やお客さま、そしてこれからの人生を歩んでいくための良縁を育むことはできない。家族を大切にし、その時間も大事にするようになると、人生そのものがうまくいくようになるから不思議だ。もっと家族を大切にしよう。

⑥意識して優しい言葉を使う習慣を身につけよう

あなたが過去にかけられた嬉しい言葉は、他人さまも同じように嬉しいと思う言葉である。こう考えてみよう。どんなにムカつく人や受け入れられない人であっても、その人の家族から見たら、夫であり妻であり、息子や娘であり、大切なかけがえのない家族なんだ、と。

もし、あなたの近くで他人を非難・否定し、乱暴な言動を取っている人がいたら、仲良くなりたい、または近づきたいと思うだろうか。これは誰に質問したとしても「思わない」と答えるだろう。もっと人に優しい言葉をかけよう。言葉というものは、発した人にいちばん強く働きかけ、響くもの。そしてどんどん言葉の意味通りの人になっていくように脳に刷り込まれるのである。

⑦「不安」を小脇に抱えて前に進もう

人間は誰でも不安になる。人が抱く不安や恐怖は、ほとんどと言っていいほど現実世界では具現化しない。おばけと一緒なのだ。ということは不安になっているだけ時間のムダだ。不安を抱え込んで悩んでいても何も進まない。どーんと自分の中に入れ込まないで、小脇に抱えながら前へ進もう。

⑧「もっと時間があれば……」とは考えない

30代に戻れたら、40代に戻れたら……と思っても物理的には無理なこと。そんなことばかり考えていたら、いつかやってくる、老いて死の床に伏したときにも、ただただ後悔と無念ばかりを抱くのではないか。1日の時間は24時間と、みんなに平等に与えられている。あなたの時間が効果的に自分を高め、進化させるために、今から時間の使い方に意識を向けよう。

⑨死を目前にしたとき後悔しないチャレンジを意識しよう

死を目前にした人から聞く言葉でいちばん多いのが、「もっと思いきって冒険すれば良かった」「あのときやっておけば良かった」のようなセリフ。

人はやったことではなく、やらなかったことに対して後悔する。あなたにとって、長年「挑戦したい、これをやってみたい」と思いながらやっていないことは何か。世の中の9割が「こんなはずの人生じゃなかった」と言って死んでいくようだが、であれば**「こんなはずの人生だった」**と言いながら、笑って天国に行きたいものである。

人生はたった一度きり。まだまだダイナミックに挑戦し、進化・成長していこう。

⑩自分の直感で生きる習慣をもとう

他人の采配で人生の選択をするほど虚《むな》しいものはない。他人がとやかく言ってきたら、その人が、あなたがほしい結果や願望をすでに達成している人物かを見極めよう。もしそうでないならば、その人の意見を聞けば聞くほど、その人物と同じ人生になってしまうだろう。あなたの意志で決断をし、どんどん新しい挑戦をしていこう。そのような〝決断力〟がある人には仲間が集まってくる。お金の貯金も大事だが、**「人生貯人」**もこれからは大事。

〝今の自分〟に気づくための15の問いかけレッスン

自分を変えることって、なかなか難しいものだ。これまでの思考グセや行動グセがしっかり身についていて、あなたの毎日を形成している。そのようなクセが原因で「今さら」「でも」「しかし」……現状維持に留《とど》まらせる心の誘惑は、いくらでも湧いてくるだろう。そういうときこそ、次に挙げたような**「問いかけ」**を試みていただきたい。

①子どもの頃に好きだったこと、夢中になっていたことって何だった？
②自分が気づいている自分の長所と短所は何か？
③これから先どんな人間でいたいか？　理想の自分像は？
④自分の願望を描いてみよう。何がやりたい？
⑤今の自分に期待していることって何？
⑥今までの自分に後悔していることって何？
⑦今までの人生で良くも悪くも影響を受けた人は誰か？

⑧今まで自分が受けてきた学びや教育にはどんなモノ・コトがあったか？
⑨今までに行った旅先、出張先で印象に残っている場所はどこ？
⑩今までに暮らしたことのある街はどこ？
⑪これから暮らしてみたい街はあるか？
⑫何をやっているときがいちばん幸せを感じるか？
⑬すべてが叶《かな》うなら、あなたが夢見るライフスタイルはどんなモノ・コトか？
⑭今まわりの人からもたれているあなたの人物像ってどんなふうだと思うか？
⑮あらためて〝今の自分〟の人生履歴書を書いてみよう

自分への「問いかけ」を繰り返しているうちに、物事への客観性が生まれてくる。つまり、自分自身の深いところと、問いの中身（対象となるモノ・対象となるコト）との距離感が生まれてくるのだ。それは、**〝自分の現在地を知ること〟**につながる。

そこから、もう一歩踏み込んでみよう。きっと、たくさんの気づきと出会えるはずだ。そういう思考になれれば、新たな自分へのヒントも見えてくる。

自分の現在地を知って、今できることに打ち込む環境をつくっていただきたい。

←弱みだけではなく、**自分自身がなんとなく抱いてしまっている不安や怒りや疑問**からも目を逸《そ》らさない。自分の内面で起きていることを自覚する勇気、受け入れる覚悟をもつことがスタートにつながる。

←もちろん必要と思うなら改善。あらためること。

←やっぱり、どう考えても、「今さら自分を変えることはできない」という方もいるだろう。その場合、こう考えることをおすすめする。まずは**自分の言動の積み重ねの結果が、今の環境や状況をつくっていることを素直に受け入れてみること。なぜ、それが起きたのか？　どうして、そのような状態になったのか？**

←そこから見えてくることは何か。ポンコツなところも自分のアイデンティティ（私が私である理由）の一部になっていることに気づくはず。

←ただ反省するのではない。それは、あくまでも「自分に気づく」ことを知る。

自分の今までの言動が自分にとってマイナスだったと気づけたなら、その気づきが、今の自分の不安や怒り、落ち度やマイナス要因、そして苦しみに対処する方法を教えてくれるヒントになることを知ろう。

自分を否定するのではなく、気づくこと。
気づいて行動することで、それを習慣にすること。
習慣にすることで、人生は必ず整っていく。

『人生の習慣を整える』目次

第2章 自分を整える

第3章 生活を整える

第4章 人間関係＋お金を整える

装幀／重原 隆
本文デザイン&DTP／中富竜人
イラスト／一二三かおり
校正／株式会社ぷれす
編集／鈴木七沖(なないち)

第1章

仕事を整える

小さなことを積み重ねる

小さなことを積み重ねることが、
とんでもないところへ行く
ただひとつの道。

元大リーガー　イチロー

本書の最初の章として**「仕事」**をテーマにした。

おそらく50代半ばから60代の年齢になって、いちばん気にかけてしまうのが**「仕事＝働くこと」**だと思う。先に言っておくと、ここで取り上げる「仕事」とは、何も企業に勤めたり、継いだ家業を運営したりすることだけを意味しない。

一家のことをしっかり支える**〝専業主婦（夫）〟**だって、見方を変えればれっきとした仕事であり、働くことであろう。そして、大企業であろうが、中小企業であろうが、個人が経営する小さな会社であろうが、所属する職場の大小や仕事のジャンルなどに貴賤《きせん》はない。そのことも最初に触れておきたい。

自分が勝手に憧れたり、羨ましがったりする気持ちは個人の自由だ。

繰り返しておこう。人の比較が決めるイメージの違いはあっても、仕事そのもの、働くことそのものに差はないのである。

シニア世代（55歳以上）になると、なぜ「仕事＝働くこと」が気になるのだろうか。

答えは明白である。年齢を重ねるたびに、

「いつか働けなくなる＝収入がなくなる」

こういう図式が頭の中に固定観念として植え付けられていて、心に不安が芽生える。晩年、何の仕事もせずして悠々自適に過ごせる人など、全人口の数パーセントいるかいないかだ。多くの人たちは、子どもの教育費や住宅のローンなど、何かと出費がかさむ理由があるだけでなく、自らの老後に必要なお金――食費や医療費、場合によっては住居費など、考えただけで頭が痛くなる人も少なくない。

2025年の4月から「高年齢者等の雇用の安定等に関する法律（高年齢者雇用安定法）」によって、「65歳までの雇用確保」が義務づけられる。これは希望があれば65歳まで継続雇用しなければならない、というものであって、雇用者全員の定年が65歳に引き上げられるわけではない。

さらには、65歳までの雇用確保措置の義務に加えて、70歳までの就業確保が努力義務となる。これは「〜するよう努めなければならない」という意味であり、本人の努力次第では70歳まで雇用してもらうことも可能だ、ということである。

超少子高齢化の波によって、若い人が少なくなるぶん、ひと昔前なら隠居生活に入っていた世代でも現役バリバリに働くことが要求される社会になってきた。そのうえで今一度、**自分の仕事観や仕事そのものを整えることが必須になる**だろう。

但し、**「仕事を整える」**と言っても、今までやってきた得意なことだけをやろうとか、好きなことだけを仕事にしよう、と提唱しているのではない。そんな甘ったるい安易な願望実現をすすめたいのではないことは書いておく。

本書を手にしてくださっている方は、世の中で言われている**「ミドル世代（35歳〜54歳）」**、または**「シニア世代」**の方々が大半だと思うが、きっといろいろな思いを抱きながら毎日を過ごされていることだろう。

「このまま今の仕事を続けていてもいいのだろうか？」
「会社を離れたあと、自分はどうやって生きていくのか？」
「子育ても一段落して、これから夫（妻）と2人で過ごすうえで、私は何をやっていけばいいのだろうか？　どうやって接していけばいいのか？」

それぞれの立場や置かれた環境によって思いの種類はさまざまだろう。しかし、生きていくうえでお金は必要だし、そのためには**「仕事＝働くこと」**について思いを馳《は》せることが必須なのは、誰にも共通している悩みの根源だと思う。

「自分は何をやって生きていくのか」

これまでの大半の時間と労力を**「会社のため＝仕事のため」**に費やしてきた方々がほとんどだろう。その対価として**〝サラリー（給料）〟**を手にし、それで生活を支え、家族を養ってきたはずだ。

しかし、人生100年時代の残りの時間を過ごしていくためには、これまでの目的だけでは生きていけないのも事実である。特に定年を迎えたあとにやってくる数十年間という日々は、無目的のまま過ごすには、あまりにも長い時間だ。

「〇〇のために働く」の「〇〇」の部分を見失ってしまうと、人生の目的（生きる意味）をも見出《みいだ》せなくなる事態に陥りやすくなってしまう。

「好きなことだけを仕事にしたい」

そうできればそれに越したことはないが、例えば、

「よし、私は50歳になったら、もう得意で好きな仕事しかしない」

ということが、若手にその仕事を譲らず、しがみついているような「老害」になることにもつながりかねない。「得意なこと」「好きなこと」を整えていくのなら、それが一体**〝何のために〟やりたいのか**を考えてほしい。

はっきり言っておこう。これまで生きてきた肩書きや名誉や実績だけでは、到底あなたが描いているイメージ通りの、ミドルまたはシニアの日々は生きてはいけない。

仕事を整えて、できれば好きなことをやっていきたいのであれば、**それなりの考え方と準備が必要**なのだ。**〝今の自分〟**を知り、その自分ができることを**〝何のために〟**やりたいのかを明確にしなければ、描いているところへは行けないだろう。

言葉遊びになってしまうが、「仕事をする」という行動を**「志事《しごと》をする」**に換え、その目的と目標をしっかりと軸に据えれば、自分の思考力も行動力も格段に上がり、どんな努力の日々も楽しく我慢して耐え抜いていける、と私は思う。

そのために大切なのが**「願望」を明確にすること**だ。願望の大きさが、すなわち「辛抱」の大きさにも比例する。**「願望＝辛抱」**と言ってしまってもいい。

かといって、いきなり軸も定めず、大きな願望だけを抱いてしまうと、ものの見事に、すぐさまあなたは心身のバランスを崩してしまうだろう。

小さなことを積み重ねていくイメージで、コツコツと描いた自分、描いた人生を歩いてほしい。そのために必要なことを本章ではまとめてみたい。

「働くこと」の根本を見直す

常に良い目的を見失わずに
努力を続けるかぎり
最後には必ず救われる

ドイツの詩人　ゲーテ

今まで、自分自身の成長や個人の目標達成のために、さまざまな困難に耐えながら働いてきた方は多いだろう。また「我慢して働くことが生活していくためには必要だ」と自分を奮い立たせて働いてきた方も少なくないはずだ。

少し視点を変えた事例を取り上げよう。

学校のＰＴＡが主催の講演会で私がよく口にする言葉。

「我慢して勉強するような子に育てないでくださいね」

「ワクワク勉強する子に育ってもらいましょう」

その話を聞いてくださっている親からは、決まって次の言葉を聞く。

「そんなこと不可能です」

読者の皆さんは、どう思われるだろうか？

どうして「不可能です」という返答になるのか？

その理由は、ひとえに親たちも学生時代、勉強は辛《つら》いもの、面白くないもの、大変なものと思い、我慢しながら勉強していたことに尽きる。そして今でも、そんな思いの延長線上で、仕事は辛いもの、仕事は大変なもの、仕事は頑張らねばならないもの

――そんな気持ちで働いているからではないだろうか。

仕事をする＝働くことの根本を履き違えると、暮らしや社会生活のみならず、人生そのものが〝**楽しみ**〟とはまったく違ったものになってしまう。

冒頭の話に戻るなら、子育てでいちばん必要なのは、成績が優秀な子に育てることではなく、**目標をもてる子に育てること**、だと私は思う。

仕事も同じである。そして、人生そのものも同じだと言えよう。

例えば、アメリカでは「仕事は辛い」などと言う人は、明らかに負け組とされてしまうだろう。人生の目標を立て、年間を通して自分がやらなければならないことを把握し、そのうえで日々の時間管理もしっかりと行う……。まるで最強のビジネスマンのように見えてしまうが、そうではない。そうやって、自分と向き合い、家族やまわりの友人・知人も大切にすることが、人生をより楽しく、豊かに過ごすために必要なことだと知っている人は実践している。ある意味、スタンダードな人生観なのだ。

しかし日本では、社会的地位のある方でさえ、意外と多くの人が、

「仕事は辛い」
「働くのは大変だ」

「努力は苦しい」心の深い部分でそう思いながら働いている。私からすると、これはいきなり社会人になってからそう感じるのではなく、先に挙げたように、生まれ育った教育環境が「辛い」「大変」「苦しい」と、学ぶ楽しさの大半を掻《か》き崩している延長線上に「仕事観」も芽生えているからだ。そんな心根が、働くことの意味にも影響を及ぼしている気がしてならない。

日本に生まれ、育ってきた大半の人が、**〝自分のため〟**に働いてこなかった。

自分の目標をもち、その実現のために勉強したり働いたりするのではなく、親から、会社から、組織から、トップダウンで与えられた目標を達成するために、勉強して、働いて、人生の多くの時間を**「誰かの、何かのために生きてきた」**人のほうが圧倒的に多いのではないだろうか。

但し、その代償として、終身雇用や年功序列が保障され、頭の中の**扁桃核**《へんとうかく》をかろうじて「快」に保っていける社会のしくみになっていたことも事実だ（扁桃核については別章に詳細を書く）。ところが、そのような日本的システムは、すでに崩壊している。

これからの時代は、まったく新しい価値観で働く必要があるのだ。

目標意識が人生を決める

人間は、目標を追い求める生き物だ
目標に向かい努力することによってのみ
人生が意味あるものとなる

ギリシャの哲学者　アリストテレス

本書の読者には強烈に、心の奥深く落とし込んでいただきたいことがある。

その思いと心定めがないかぎり、人生100年時代の残りの時間を豊かに過ごすことは難しい。それくらい自分を奮い立たせ、果敢に生きる姿勢を追い求めた人こそ、充実した人生の時間を過ごせると私は思う。

これからは、**一人ひとりが個人の目標を明確にし、その実現のために勉強し、働かなければ、生きがいも人生そのものの意味も見つからない。**誰かに、何かをお膳立てしてもらうことを待っているようでは、自分自身を充実させることなど不可能だ。

元大リーガーとして、世界で活躍されたイチローさんが、アメリカの子どもたちを前にして行ったスピーチにこのような言葉がある。

「僕が君たちに言えることはひとつだけだ。それは、目標をもつこと。目標をもつことで、君たちの望むことのほとんどは可能になるはずです」

どんな窮地に立たされても、常にワクワクしながら自らの向学心と価値観で数々の偉業を成し遂げてきた人間だからこそ言える真理だろう。

イチローさんと同じ偉業を成し遂げることは難しいが、真意は腑《ふ》に落ちる。重要なポイントを一言で表現するなら、この言葉に尽きる。

〝目標意識が人生を決める〟

「もう歳《とし》だから」

「もうちょっと若かったら」

言い訳はいらない。序章でも述べたように、自分のOSを書き換えられるかどうか、自分自身が進化できるかどうか、やれる自信がもてるかどうかにかかっている。

残りの人生が長いか短いかなんて誰にもわからない。だからこそ今一度、重要なポイントを心に刻み、「志事」に取り組んでいってほしい。

ここで**「仕事」と「志事」の違い**を書いておくが、私自身の解釈も含むことをお許しいただきたい。本書内では、次のように定義したいと思う。

「仕事」とは、読んで字のごとく**〝仕えてする事〟**であり、会社や上司、取引先などからの指示にしたがって作業をすることを意味する。通常はそこに注ぐ労働と引き換えに「お金（サラリー）」を手にする。

一方、**「志事」**とは**〝志をもって行う事〟**であり、ライフワークや使命、あなたがこの世に生まれてきた意味をまっとうする業務のことを言う。働いてお金を手にすることは変わらないかもしれないが、時にはお金以外のもの――人とのご縁だったり、信頼・信用だったり、目に見えないもの、お金には代えられないものを手にすることも含んでいるように思う。

あなたは残りの人生を、どちらの「事」をしながら生きていくのだろうか？

もちろん資産がたっぷりとあり、好きなことだけやって生きていける人は、「仕事を整える」ことより、今の仕事を「譲る」とか「やめる」でいいだろう。ところが、おそらく大多数の人々は、なんらかの労働を続けていく必要が生じると思う。

そのとき、なんとなく社会に流されながら、それまでの延長線上で生きていくのか、それとも自分の意志をしっかりともち、目標意識を高めながら生きていくのかでは、進むべき道も変わるだろう。

できるなら目標意識をもち、願望を抱ける人として生きていこう。その願望を手にするために、いや一歩でも近づくために、「仕事」「志事」は欠かせない道具になる。

どちらのスタンスで働くにせよ、目標意識をもつことで、あなたの人生は決まる。

そのためにも、**目標意識をもった強い習慣を形成するためのメカニズム**にふれておきたい。これを知っておくと、より明確な計画が立てやすくなるだろう。

「脳」はどんな働きをしているのか

脳は、少しでも進歩すると、
喜びを感じます。すると、
ドーパミンという物質が脳内に放出され、
喜びを感じた脳内の回路が強化され、
成長するのです。

脳科学者　茂木健一郎

私たちが行動する理由の大部分は**「脳」**が決めている、と言っても言い過ぎではないだろう。「脳」とは、人間の頭蓋骨に収められた**思考、行動、記憶、感情**などを司《つかさど》る臓器のことである。成人男性の体重の約2パーセントを占めている。

ちょっとお勉強的になってしまうが、自分の頭の中がどのようになっているのか、「習慣」を形成するうえでも、まずは知識として知っておいてほしい。

脳は、外側から見ると、**大脳・小脳・脳幹**の3つの部分に分けられる。大脳は、**前頭葉・頭頂葉・後頭葉・側頭葉**の4つの領域によって、それぞれに言語、思考、感情、記憶、感覚などの機能の中枢として働いている。

脳とは、おおよそ**大脳新皮質・大脳辺縁系・脳幹**の三重構造になっている。**「大脳新皮質」**は、大脳の中にある人間の進化的には新しい部分の脳で、**知覚、記憶、思考、随意運動、言語**などを司っている。

その中に包まれるように存在している**「大脳辺縁系」**は、**帯状回、扁桃核、海馬（体）、海馬傍回**などから成っていて、大脳新皮質と比べると、発生学的には古い型の皮質にあたり、**情動、記憶、本能行動、動機付け、自律神経調節**など、全身のいろいろな機能と関係している。

大脳新皮質が主に判断や分析、イメージに関する部分なら、**大脳辺縁系**は〝**感情**〟に影響する脳だと言ってもいい。もう少し詳しく記すなら、食欲、性欲、睡眠欲、意欲などの本能にまつわることや、喜怒哀楽、情緒、神秘的な感覚、睡眠や夢、記憶や自律神経活動にも関与している。

脳のしくみからすると、私たちの感情は大脳辺縁系の働きに左右されることになり、それをどうやってあなたが使いこなすかによって、習慣そのものも組み立てられることがわかる。脳の性質を知り、その性質を利用することで、挫折しない強力な習慣をつくることも可能だ、ということである。

脳には、新しいチャレンジに対して、恐怖やストレスを感じて臆病になってしまう性質がある。変化を「危機」ととらえてしまうところがあるので、新しい考えや行動に対して、ブレーキをかけようとしてしまうのだ。

なので、いきなり大きな変化を与えるのではなく、**「小さな習慣」の日常化**を意識しながら、少しずつ慣らしていく方法が得策だ。

そのためにも「習慣」そのもののしくみを知る必要があるだろう。

脳のしくみ

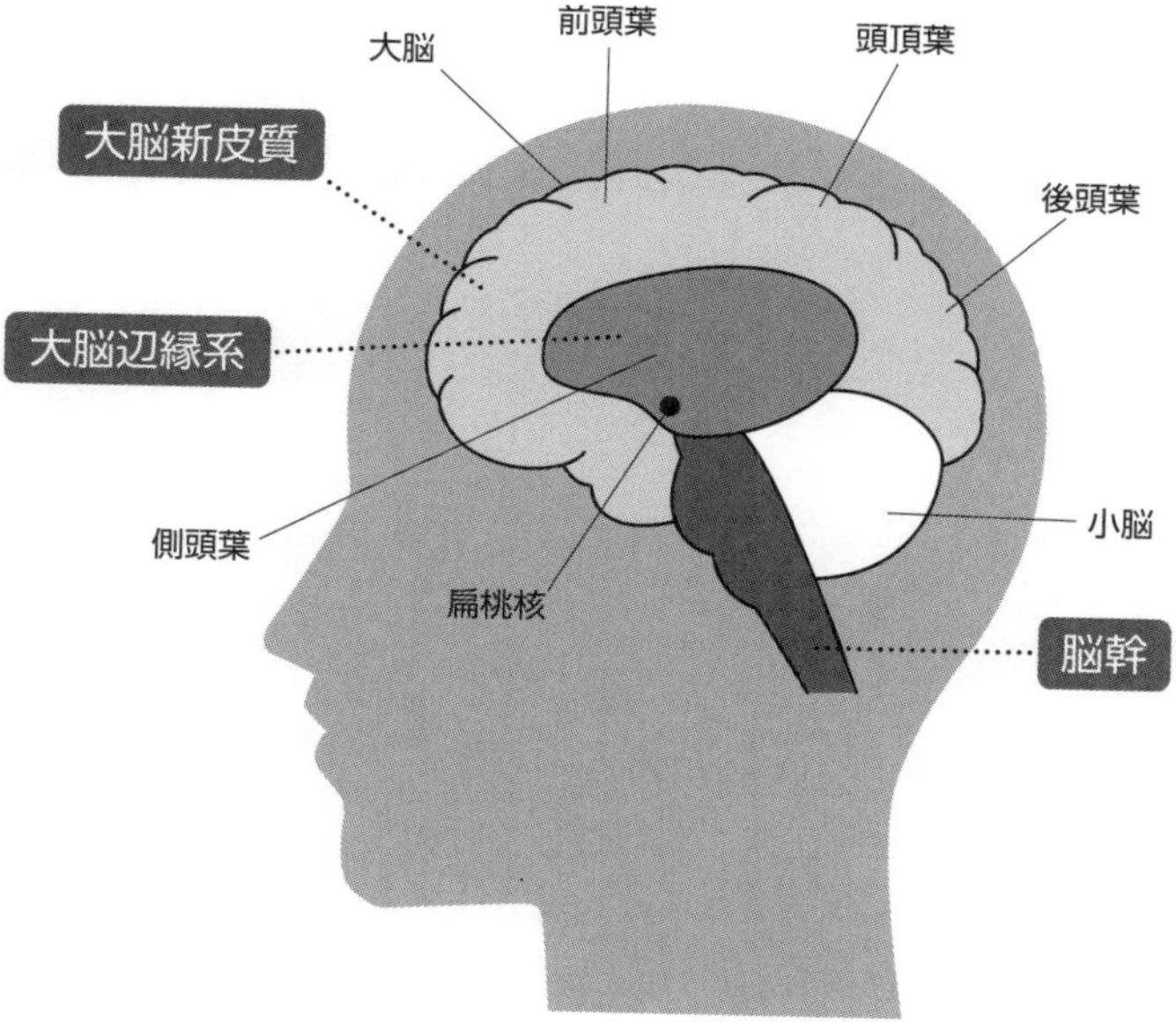

◆脳は三重構造

・大脳新皮質（イメージ）
知覚、記憶、思考、随意運動、言語など

・大脳辺縁系（感情）
食欲、性欲、睡眠欲、喜怒哀楽、情緒など

・脳幹（生命維持）
意識、呼吸、循環の調節など

習慣のしくみを知る

人の本性はみなほとんど同じである。
違いが生じるのは
それぞれの習慣によってである。

中国の思想家　孔子

私たちは、つい「習慣」とひと括《くく》りにしてしまうけれど、実は習慣とは**「4つの習慣」**の連続で実践されていることはご存じだろうか？　その4つとは……。

◎ **「受信習慣」……【どうインプットするか】**
五感からの情報を〝知る〟〝聞く〟〝感じる〟〝見る〟習慣

◎ **「言語習慣」……【どう言語化するか】**
インプットから得たイメージを「言語に置き換える」習慣

◎ **「思考習慣」……【どう考えるか】**
言語をもとにして考える習慣

◎ **「行動習慣」……【どう行動するか】**
思考を「行動に移す」習慣

私たちが常日頃「習慣」と呼んでいるのは、最後の**「行動習慣」**のことだ。

「毎日午前5時には必ず起きている」とか「通勤電車の中では必ず本を読んでいる」とか「週に3回は必ずジョギングしている」など、どれもが〝行動〟として実践的に表現されている。

ところが実はその前に、**「受信」「言語」「思考」の習慣のプロセス**を経ているのである。もちろん私たちは、最後には「行動」をもって実生活での習慣を実践化していくのだが、その他の習慣とも密接に関わっている。例えば、ある行動をした場合。

- **［受信習慣］（行動することで何を感じるのか）**
- **［言語習慣］（行動により得た情報をどうやって言語化し、言葉として発するか）**
- **［思考習慣］（行動を起こした結果、考え方はどう変化したか）**

行動習慣だけを整えても、なかなか長続きしない人もいるだろう。そのとき、**大脳辺縁系内の「扁桃核」**が大きく影響しているが、それは後ほどご紹介しよう。その前に、**「どうインプットするか（受信）」「どう言語化するか（言語）」「どう考えるか（思考）」**というメカニズムを理解しておいていただきたい。

その流れを知っておくだけでも、**「行動習慣」**は必ず長続きする。

考え方を変えることで広がっていくこと

ここで、もっとわかりやすく「脳」の構造に近づくために、**「思考習慣」**を解き明かしてみたい。「思考＝考え方」を変えることは、他の習慣要素にも大きく影響していくと私は思っている。それくらい**〝考え方〟と〝習慣化〟は密接に関係している**と言えよう。

思考習慣には**〝2つの習慣〟**が備わっている。

◎**「確信習慣」……確信できるか、どうか**
◎**「錯覚習慣」……良い思い込みか、悪い思い込みか**

「脳」という臓器は、実に単純なメカニズムをしている。脳自体は**〝人称〟**を認識せず、考えたこと、思ったこと、発した言葉の内容に影響を受けながら、そのままの働きをする。つまり言葉や動作などに、すぐだまされてしまうのである。

だからこそ、脳にどんな「確信」や「錯覚」を起こさせるかによって、思考習慣も変わっていくのである。では、どうやって「確信」や「錯覚」を起こせばいいのか？

まず、「確信習慣」については、とても簡単だ。自分の脳に**「プラスの問いかけ」**をすればいい。

「どうすれば、○○ができるようになるか？」

プラスの問いかけをすると、脳は**〝できる〟**ことを前提に、その方法を考え出そうとする。そしてアイデアがひらめくように、あなたに教えてくれるだろう。

但し、逆をやってしまっても素直に答えてくるから気をつけよう。だからマイナス思考で問いかけないことだ。なぜなら、マイナスの回路でそのままを受け止めるから。

「なぜ、○○ができないのか？」

そうすると脳は**〝できない理由〟**を探し始めて伝えてくる。必ず「プラスの問いかけ」をすること。そうすれば、できる方法を教えてくれて、問うた自分自身も、

「仕事ができるに決まっている」

というイメージがもてるようになるだろう。

次は**「錯覚習慣」**について、これは一言で言うなら**「思い込み」**である。

読者のあなたも、きっと思い当たるはずだ。まるで口グセのように言われたことが心の奥深くに残っていること……。それは、親や教師や友人など他者から言われたことはもとより、自分自身が自分に言ってきたことだって作用してしまう。

「あなたは、できない子ね」

「お前は、どんくさいんだから」

「なんでいつも自分の意見を言わないの？」

お子さんのいる方なら、一度や二度、その言葉を子どもに向かって口にしたことがあるはずだ。

もし、その言葉を毎日子どもが聞かされていたら、どうなるだろうか？

「私は、できない子だ」

「私は、どんくさい人間だ」

「私は、自分の意見が言えない人だ」

否定的な言葉を日常的に聞かされていると、いつの間にか何に対しても自信がもてない人間になってしまう。自信のない人が歩く人生を想像してみてほしい。その道のりは明るいだろうか？　それとも……。

どのジャンルのアスリートたちも、プロフェッショナルになればなるほど、メンタルトレーニングを欠かさない。

「自分は絶対にできる、絶対にやれる！」

そう思い込ませるために、コーチや指導者から聞かされる言葉はもちろん、自分が口から出す言葉、目から吸収する活字、耳から聴く音楽など、徹底的に〝なりたい自分〟をイメージして毎日を暮らしている。そういうことが可能な環境づくりも含めて、思い描くイメージを、どんどん形にしていくのである。

「人生は、思い描いた通りにしかならない」

世界中の成功者たちのほとんどが同じセリフを使う。「そんなバカな……」と思う方もいるだろうが、私もそう思う。自分の人生を振り返ってみても、決して〝思い通り〟にはなっていないが、心の奥深くで思い描いた通りにはなっている。

それを実感するためにも「言葉の使い方」は大切だ。言う側にも、言われる側にも当てはまる。50万部を超える大ベストセラーとなった『言いかえ図鑑』（大野萌子著・サンマーク出版刊）によると、仕事のときの褒め言葉も、ちょっとした言い方の違いでとらえ方が変わってくる。一例を取り上げてみよう。

☆さすがだね　↓　○○がよかった、さすがだね（※具体的に表現する）
☆それでいいんじゃない　↓　とてもいいと思うよ（※良さを強調する）
☆要領がいいね　↓　仕事が早いね（※具体的な行動を表現する）
☆運が良かったね　↓　運も実力のうちだね（※褒める理由を言う）

どうだろうか？　ちょっとした言い方の違いだが、言われた側の印象はまったく違うことに気づかれたはずだ。そして同時に、言葉を発する側に自分が立ったと仮定してみると、結構知らぬ間にマイナスの言葉を使っていないだろうか。まったく悪気はなく……。

日本人が手土産《てみやげ》を相手に渡すとき、よく「つまらないものですが……」と口にするが、海外でそれをやると嫌な顔をされる。なぜなら「どうしてつまらないものを、俺にもってきたんだ？」と。笑い話みたいだが、これは真面目《まじめ》な話なのである。

「脳」が楽しいと感じることをする

脳は、現実と理想の区別がつかないので
現実の姿ではなく
理想の姿をイメージすることです

脳科学者　中野信子

私は毎日、朝のルーティーンに2時間はかけている。自宅にいるときでも、出張先でホテルに滞在しているときでも、大体6時には起床している。

自宅にいるときは、仏壇と神棚のお水を換えてからお線香をあげ、手を合わせたあと、家系図を見ながらご先祖さまの名前を唱える。当然、ほとんどの方々は会ったことなどないが、それでも家族のつながりを意識して呼ばせていただく名前には感情がこもる。

朝風呂が日課のため、湯船にお湯を溜《た》めているあいだに、自分が関わっているSNS（メルマガ、ブログ、ツイッター、フェイスブック、インスタ、ボイシーなど）の情報を配信準備。前日に仕込んでおいたものや、起きてから浮かんだ内容をまとめてみることも多い。

大体、湯船に最低でも20分は浸《つ》かりながら、できるかぎり頭の中を空っぽにする。こういうとき、本当にいろいろなアイデアが湧いてくるから面白いものだ。仕事に関することが中心だが、今日会う人のイメージや話すことの内容、発信する情報のテーマや段取りとか。

余談だが、どこで、どんなアイデアがフッと浮かんだときでも、すぐさま書き留めておけるようにと部屋中のいろいろなところにメモ帳を置いている。ベッドサイドからリビングにキッチン、トイレなどまで。もちろんデスクの上にも。アイデアは、フッと浮かんでそのままにしておくと消えてしまうからね。逃さないように、しっかりとメモとして綴《つづ》っておく……。

どうしてこのような朝のルーティーンをお伝えしたかというと、これをずっと習慣として続けられている秘密に「快」という気持ちがあるからだ。どういうことかというと、**〝好き〟〝楽しい〟〝嬉《うれ》しい〟〝ワクワクする〟**など、**脳が心地よさを感じる「習慣」**は長続きできるものなのだ。

続く習慣と続かない習慣の違いは、どこにあるのか？

それはひとえに**「脳が楽しいと感じるか、感じないか」**にある。

「1人で勉強していると辛いけど、みんなで学ぶと楽しい」

「ダイエットはしんどいけれど、美味《おい》しいものを食べるときは嬉しい」

「お金を節約しているときは大変だけど、買い物するときはワクワクする」

先に挙げた脳のしくみから考えても、「続く・続かない」は「楽しい・苦しい」に比例する。そんな単純なことかと思われるかもしれないが、そういうものなのである。

51ページに載せた「脳」の図にある通り、**大脳辺縁系＝感情脳内**にある、長さ15〜20ミリのアーモンド型の器官「扁桃核」がそのカギを握っている。

脳は、正しさだけで何かを続けることはできない。そこに楽しさなどの感情が伴わないと続けることができないのである。

「扁桃核」がもたらす2つの反応をお伝えしておこう。

◎接近反応……「快＝〝好き〟〝楽しい〟〝嬉しい〟〝ワクワクする〟」などを感じたものには、自ら接近していく反応のこと

◎回避反応……「不快＝〝嫌い〟〝退屈〟〝悲しい〟〝ムカムカする〟」などを感じたものには、自ら遠ざかっていく反応のこと

良い習慣を続けたいとき、または悪い習慣をやめたいときには、この2つの反応をうまく利用すればいい。言い方を変えるなどして、脳にその意味合いを強く印象付ければいいということである。

例えば、「勉強」というキーワードを脳にインプットしてみよう。この章の初めにも書いたように、脳にある過去の記憶から、

「勉強するのは辛い」

「勉強するのはしんどい」

そのような「不快」のイメージが湧いてきたら、それを言いかえて違うイメージに置き換えるのである。

「今から学ぶことで私は成長します」

「今から学ぶことは私を向上させる」

そうすると「回避」の反応が「接近」の反応に変わって、学ぶことが楽しくなるだけではなく、吸収の度合いも変わってくるだろう。言葉の習慣ひとつ変えるだけで、続かなかった習慣や悪い習慣も、その意味合い自体が変化してくる。

先ほど、褒め言葉のちょっとした言いかえで受ける相手の印象も変わるという話をしたが、これは自分自身にも効果的な方法である。要は、脳が**〝楽しい〟〝ワクワクす**

る″と感じる表現をすることで、「回避反応」から「接近反応」へと印象が変わり、「ちょっと億劫《おっくう》だなぁ」という気持ちも「嬉しい・楽しい」に変化することで、長続きする良い習慣へと育っていくのである。

「今からトイレ掃除をする　↓　今から金運をアップさせる」
「今日から早起きする　↓　今日から健康力を増やす」
「今からジョギングをする　↓　今から体力をアップさせる」
「今日から読書習慣を始める　↓　今日から知的な自分に近づく」

いかがだろうか？　実は、本当にちょっとしたことなんだとわかるはずだ。私たちの「脳」は、ちょっとした違いでも、そのままを素直に受け止め、行動に反映させようとする。そのしくみをしっかり理解していれば、良い習慣、長続きする習慣をあなたの味方につけることは難しくない。

但し、**「私にはできる！」**という強い気持ちをもつことが大前提である。

何のために働くのか？

最も重要な決定とは、
何をするかではなく、
何をしないかを決めることだ。

アップル創業者　スティーブ・ジョブズ

本書『人生の習慣を整える』の第1章として、私はあえて「仕事を整える」というテーマを取り上げた。どうしてか？　それは、私たち人間は〝仕事〟を通して、強烈に自分を磨くことができると思っているからである。

序章にも書いたが、人生の後半もしくは終盤において大切なのは、**「人間力」を高めて、自分の器を大きくすること**である。

これまで生きてきた人生において、私たちは数々の体験や経験を積み重ねてきた。出会った人たちの数も計り知れない。酸いも甘いも味わってきた。ところが、自分が一体どんな人間なのか、どんな性格で、どんな思考回路や行動パターンをもっているのか、明確に把握・理解できている人は、残念ながら多くない。

人は、どうやって人間力を高め、器をデカくすることができるのか？　その答えのひとつが、**「働くこと」**だと私は実感している。

働くとは、何も企業勤めをすることだけを言うのではない。

「働く」とは**「傍《はた》を楽にする」**とも言いかえられるように、自分以外の人たちと接し、交わり、なんらかのコミュニケーションや関係性のもとに、自分に任されたこと、自分がやらなければならないことを与えていただき、そこに労力と時間を費やすことを意味する。

もちろん、それによって「お金」という報酬をいただくことになるが、それよりも**「あなたの存在が誰かの役に立つ＝誰かの喜びになる＝誰かを楽にする」**、このような循環が大切になってくる。いや、そこがわかっていなければ、自分の成長は伴わない。これまでと同じような考え方や感性では、人間力を高めることも、器を大きくすることも難しいと言えよう。

「何のために働くのか？」

その根本を今一度、見つめ直してほしい。

「働くこと」の意味と意義を、あらためて考えてみてほしい。

「脳のしくみ」や「習慣のしくみ」をただ知識として覚えただけでは、人生なんて変わりはしない。そこをしっかりと腹に落とし込んでいただきたい。

名著『夜と霧』を書いたオーストリアの精神科医、ヴィクトール・フランクルがこんな言葉を残している。

「私たちが人生の意味を問うのではなく、人生が私たちに毎日、毎時間、問うているのだ」

つまり、「お前は一体、人生をどう生きるのだ？」と私たちが問われていると解釈してもいいだろう。あなたは、どうだろうか？　問われて、どんな答えを出すのか？　自分で自分のことを、ちゃんと理解しているだろうか？

私がいつも書いているブログの中に、**「社会人になる君たちへ」**というテーマがある。表向きはタイトル通り、これから社会へと旅立っていく若者たち、そして……個人的な思いを書くことを許していただけるなら、私の子どもたち（息子と娘）に向けた父親からのメッセージも込めている。

すでに発信しているものに、少しだけ加筆・修正しながら、本章の終わりに記しておきたい。できれば、音読していただくことをおすすめする。

少しでも「何のために働くのか？」の根っこへと響くなら嬉しい。

長く生きれば生きただけ、私たちは自分にとって不必要なものをたくさん背負い込んでしまっている。これからの人生で新たな「習慣」を見出すためにも、自分の根本を見つめ直す必要がある。もっとこれからの人生をワクワクさせるためにも。

あなたが……どんどん社会に必要とされる人間になっていけばいくだけ、
忘れてほしくない大切なことがある。
どれだけ重要な仕事をしようが、どれだけ責任ある立場に就こうが、
いつも、いついつまでも、しっかりと、
心の中心に置いておかなくてはならないこと。

それは……大切な人への想《おも》い！

大切な人、愛する人への想い以上に、あなたにとって重要なコトは一切ない！

社員、家族、パートナー、仲間……そして、自分自身。

私たちは、大切な人からのサポートなしでは、生きてはいけない。


「感謝しています。社員にも、家族にも、仲間にも」

そう言う人は多いが、では、それを形にあらわしているだろうか？

例えば家族に、

「行ってきます」「ただいま」

「いただきます」「ごちそうさまでした」

とは言っているだろうが、

「美味しい食事をありがとう」

「いつもバスタオルを洗って、ふかふかにしてくれてありがとう」

「朝から冷たい水に触って味噌汁《みそしる》をつくってくれてありがとう」

具体的に伝えているだろうか。


自己実現への道を突き進む。夢を叶《かな》える。成功を収める。

そんなあなただからこそ、大切な人への想い、愛する人への想いを、どうか疎《おろそ》かにしないでいただきたい。


働くことの本当の意味を理解したうえで人さまの役に立つ生き方。

そんな気持ちをいつも大切にしてほしい。

第1章のまとめ

◎「〇〇のために働く」の〇〇を見失わないこと

◎「願望」を明確にして、小さなことを積み重ねるイメージが大切

◎働くことは「辛い」「大変」「苦しい」を見直すこと

◎「目標意識が人生を決める」ことを理解する

◎「脳のしくみ」をしっかり知っておくこと

◎「習慣のしくみ」をしっかり知っておくこと

◎ちょっとした言い方の違いが脳には影響する

◎「脳が楽しいと感じるか、感じないか」を意識すること

◎〝好き〟〝楽しい〟〝ワクワクする〟ことが習慣となる

◎大脳辺縁系＝感情脳内にある「扁桃核」の働きを知ること

第2章

自分を整える

どんな人がまわりにいるのか

鏡は人の顔を映し出すが、
その人が実際にどういう人物であるかは、
どういう友人を選んでいるかにあらわれる。

聖書

さぁ、「仕事」のことに思いを馳《は》せながら、今どんな気持ちが自分の中に渦巻いているのか、その断片を感じられた人も多いだろう。より焦りが増した人もいれば、少しだけ心のどこか固まっていた部分が溶け始め、これからの将来を考えるうえでのヒントをすでに手に入れられそうな人もいると思う。

いつの時代も、人は自分のことがいちばんわからない、と言う。それは、そうだろう。私たちは自分の顔ですら、鏡に映すことでしか見ることができない。背中も同じこと。やはり何かを介してしか様子がわからないのだ。

しかし、もう1人の自分との関係を今一度整理しておく必要がある。今の自分自身をできるだけ客観視して、どんな人間なのか、何が好みなのか、何が目的なのかを知ることで、これからの生き方を組み立てることができる。

私は、よくカーナビの話をするが、原理は一緒である。

目的地（行きたい場所＝なりたい自分）のイメージがはっきりしていたとしても、さて現在地がどこなのかがわからなければ、カーナビは1秒たりとも稼働しない。つまり、目的地への道順がわからないのだ。これからの人生をイメージしたときも同じである。今の自分がどこにいる（どんな状態でいる）のかがわからなければ、進む道さえわからないだろう。ならば、どうやって今の自分の状態（現在地）を知り、整えることができるのか。

方法は、いくつかある。

例えば、自分を取り巻いている人たちの中に、どのような人がいるのかを冷静に眺めてみること。**「人（相手）は鏡である」**という言葉があるように、どんな人があなたのまわりにいるのかを知ることで、少なからず自分が漂わせている雰囲気がわかるはずだ。

心理学の「投影」という言葉からもわかるように、自分の友人・知人、誰でもいい。例えば、いつも笑顔で笑い声が絶えない人のまわりには、同じように笑顔や笑い声が素敵な人たちが集まってくる。

逆に、いつも機嫌が悪く、怒ってばかりいるような人のまわりには、やはりネガティブな発言が多く、ちょっと近寄りにくい人たちが集まるものだ。

私は仕事柄、日々たくさんの人たちと出会わせていただく。直感的にわかることだが、しばしお話をしていると、好感をもてる人もいれば、なかなかもてない人もいる。ご自分の失敗や弱点を隠そうとせず、それを恥じることなく認めている人には、やはり好感がもてる。自分の弱点を平気で認め、むしろ弱点を強みにしてしまう人はとても魅力的で、その人間らしさから人気のある人が多い。

ちなみに「人気」という言葉は、人の〝気〟が集まっていることを意味する。

「あの人は、人気があるよね」

そのように表現するのは、その人が醸し出している〝気〟に人が引き寄せられていることを示す。その〝気〟が気持ちの良いもの、楽しいものであれば、おのずと人が集まって人気者になるのである。

今のあなたのまわりには、どのような人たちがいるだろうか。会社の同僚、仲のいい友人、妻や夫、子どもたちなどの家族……。気が合う・合わないはさておき、つぶさに人間観察をしてみよう。そして、それらの人たちの特徴やクセ、好みなどを調べてみよう。そうやって、まるで〝鏡〟を見るようにして、今の自分自身を分析してみるのも、ひとつの方法なのである。

信念をもって生き抜く

我々の最大の弱点は、
あきらめてしまうことにある。
あきらめないことだ。
あともう一度試せば、きっと成功する。

発明家　トーマス・エジソン

「自分のまわりの人を冷静に見てみる」――そういうことを伝えている私自身、自分のことがどれだけわかっているのかと言えば、まだまだなのが実情だ。脳のことを勉強し始めてから、ちょっとした口グセや思考グセを見直し、それに伴う自分の行動もつぶさに観察しながら自分を整えている毎日である。

但し、約6万人の習慣形成のお手伝いをさせていただく中で、見えてきたこと、わかってきたことが山ほどある。クライアントの皆さんと接することで、私自身のことも理解できるようになったのだ。私の立ち居ふるまいに対する皆さんの反応を知るだけで深い学びになる。

自分自身を知るもうひとつの方法とは**「信念をもつこと」**だ。

私の場合、ありがたいことに師匠と呼べる何人かの方たちとのご縁をいただきながら、いまだ学びの途中だが、師匠の方々とお付き合いをしていくうちに自分の信念が固まっていくのがわかる。学んだことを人生の中で実践することで、信念が自分の〝軸〟となり、私の人生のアウトラインを形成していくのである。

信念をもつことが自分の人生と向き合うことにもつながり、人生という壮大な旅の風景も見えてきた。先ほどふれたカーナビの役割を果たしていると言えよう。

師匠の中の1人、日本におけるイメージトレーニング研究や指導のパイオニアである西田文郎先生から、次のようなことを教えていただいた。

「人生の五計」

この言葉は遠い昔、中国の南宋の時代に、見識ある官吏として多くの人たちに深く慕われた朱新仲という人が、人生をより良く生きるために説いた人生訓である。これを知ったとき、自分の現在地がイメージできただけでなく、自分がこれから何をやらなければならないのか——その思いが〝信念〟に変わっていった。

「生計・身計・家計・老計・死計」

朱新仲は人生を次の5つに分割した。いかに生き（生計）、身を立て（身計）、家庭を築き（家計）、歳《とし》を重ね（老計）、そして、死を迎えるか（死計）。当時の中国（12～13世紀）は、まだ平均寿命が短く、人生は40～50年の時代だった。それを現代の人生80～100年の時代に置き換えると、次のようになるそうだ。

あなたは、今どこにいて、何を目指すべきなのか？　読みながら考えてみてほしい。

①「生計」
生まれてから成人するまでに、人間としての基本の勉強をする0～20歳までの20年間

②「身計」
社会人になってお金を稼ぎ、親から自立して自分の家族をもつ20～40歳までの20年間

③「家計」
自分の使命に気づき、理想の目標に向かって懸命に生きる40～60歳までの20年間

④「老計」
「天運の法則」に気づき、社会貢献しながら穏やかに生きる60～80歳までの20年間

⑤「死計」

平均寿命を超えて、100歳の「紀寿」に感謝し、これからどのように命をまっとうし、120歳の「大還暦」を迎えるかを考える感謝の80～120歳の40年間

読者の皆さんは、今どこにいるのだろうか。およそ900年も前に説かれた人生訓とはいえ、現代でも十分にうなずける内容である。

これまでの人生は「仕事に対する信念をもつこと」で、社会や会社の中で頑張ってきた人も多いだろう。しかし、人生の後半戦においては、第1章でふれた「何のために働くのか」以上に、自分にとって「生きるうえでの目的や目標は何か」ということを考える必要がある。

人生を通じて何か実現したいことはないか、あるいは、このようにしたいと思うものがあるか、ということを考えてみる時間をもったほうがいい。

例えば、今まで自分が取り組んできた「仕事」の質をもっと良いものにするために、自力で探究していくのも良し。あるいは周囲の人たちとのコミュニケーションを大切にしながら生きていくのも良し。残りの人生をかけて最も叶《かな》えたいと思うことを考え

ることだ。

できるなら自分の信念に基づいて生きていきたいと思わないか？

何のために残りの命の時間を使うのか。自分が定めた目標を忘れないかぎり、信念をもち続けることはできる。逆に言えば、信念を忘れるということは、目標を忘れてしまうということであろう。目標もなく生きていくとどういうことになるのか、ここまで読み進めてきた読者の皆さんなら、おわかりいただけるだろう。

もし自分の信念に迷いが生じるようなことがあったならば、自分が人生を通して何をしたいのか、何を求めているのかを思い出してみよう。そのためには何をしなければならないのか、何を最優先に考えるべきなのかを確認することが大切だ。

その作業によって、自分の信念を貫くことができる。叶えたいことや目標が誰にでも認められるものであるならば、その信念もまた誰にでも認められるはずだ。

そのような生き方そのものが、あなたの大切な人たちに「生き様」として伝承できれば、こんなに幸せなことはない。そう思わないか？　激流の中で生きている今こそ、信念をもつことは大変重要だ。自分らしく！　楽しく！　元気良く！

自分の功績にしがみつくな

地位が確立していないことを心配するより、
存在意義をよく考えよ。
知名度が低いことを心配するより、
実績を上げることだ。

中国の思想家　孔子

「今までの自分の功績にしがみつくな」——私がお世話になっているクライアントの皆さんにも塾生にも、その言葉を伝え続けている。

もちろん、成功体験が次の成功へとつながることが多いのも事実だ。しかし、真に自分を整えるうえで、時には功績や実績がジャマになることは少なくない。

功績とは、社会的な結果や成果だけを指しているのではない。

「子育てを頑張ってきた」
「一生懸命に勉強して難関を突破してきた」
「ずっと勤勉に働いてきた」
「長い間、家庭を守り続けてきた」

これらもれっきとしたあなたの「功績」である。どれもが素晴らしいことくらい私にもわかる。しかし、それはすべて過去のものなのである。

今までは人知れず、他社や他者との競争の中で、並々ならぬ努力をされてきたのだろう。子どもの頃であれ、学校であれ、職場であれ、家庭であれ、自分とは異なる人たちとの接触によって築かれた地位や名誉のはずだ。

しかし、である。誤解を恐れずに言わせていただこう。

そんなものは、すぐに捨てなさい。放り投げなさい。

これからは、もう1人の自分との競争であり共創人生なのだ。

これまでの体験とは、まったく違う。同じような比較体験もなければ、他人を意識した争いも起きない。すべては自分対自分。すべては、あなたの中で起こるし、答えもあなたの中に存在することになる。

ご自分の本性にいかに気づき、認めていけるかが、残りの人生の幸福感に比例することは間違いない。だから意識していくしかないのだ。

意識するためのヒントをいくつか記しておこう。

心にふれたものがあれば、即実践してみてほしい。

◎心のコップを今一度上向きに立てて、自分自身を教育し、磨こう。

◎小さな約束からでもいいので、他者に対して、地域に対して、所属しているコミュニティに対して、何かひとつでも良きコトや良き行いを決めて日々実践すること。

◎今からでも遅くはない。人生の師匠をもとう。師をもたない人生は不幸である。た

とえ書物からでもかまわない。自身の人生の指南書として活用していくこと。そして、師匠との関係性を深めること。もっともっと貪欲に学び吸収していくこと。

◎人間関係の本質は数でなく質だが、生きていくかぎり日々いろいろなご縁がある。そのご縁を丁寧に扱い、大切にしていく習慣だけは忘れないでおこう。

師匠・西田文郎先生から教えていただいた、「不幸の三定義」を紹介する。

一つ、決して素直に「ありがとう」と言わない人
一つ、「ありがとう」と言っても、恩返しをしない人
一つ、「ありがとう」と唱えただけで、恩返しはできたと思っている人

人生まだまだ、面白いのは「こ・れ・か・ら」だ。
不幸の三定義を肝に銘じて、そうならないように意識して生きよう。
そうすることでまだまだこれから先も、ツキにも運にも恵まれるはずである。

「気づくこと」から始めよう

世界には、君以外には
誰も歩むことのできない唯一の道がある。
その道はどこに行き着くのか、と
問うてはならない。ひたすら進め。

哲学者　ニーチェ

これまで生きてきた人生の中で、私たちはそれぞれに、いろいろな体験や経験を重ねてきた。生まれ育った環境が違うので、まったく同じ境遇を味わってきた人などいない。そのうえに第1章でもふれたような〝脳〟の働きが合わさって、仮に同じ体験や経験をしたとしても、感じ方やとらえ方は人それぞれ違う。

つまり、思考も違えば行動も違い、使う言葉も違うので、明らかに違う人間たちが存在していると言えよう。私たちの脳には計り知れないくらいの膨大な記憶が蓄積されている。短期的に覚えた記憶だったり、長期的に保存された記憶だったり、あるいは自分でも意識できないほど深層に眠る記憶だって、ある。

91ページに掲載された図を見ていただきたい。人間の意識は、よく氷山にたとえられる。海面上に見えている部分は、巨大な氷山のほんの一角であり、水面下には大きな姿が隠れている。

見えている部分は、心理学では「顕在意識」(意識活動)と言われ、生まれてから体感した肉体的な感覚や短期的に覚えた記憶である。私たちが生まれてから覚えたこと……親や地域、学校、社会などから教えられたこと、その中で自分が感じたこと、考えたことなどで構成されている。普通に日常生活を過ごすうえでは、主にこの意識をもとに判断しながら行動している。

ところが、見えない部分、図で言うなら水面下にある氷山の大部分には、過去の体験や記憶だけでなく、精神的に得た感覚や長期的な記憶、精神的に抑制している記憶が膨大な量として隠れているのだ。

例えば、意識のうえでは「よ～し、やるぞ！」と思って、いざ行動してみても、潜在意識の中に巣喰《すく》う過去の失敗イメージが湧き上がってきて、二の足を踏んでしまう場合が多い。

潜在意識には失敗や恐怖、自己防衛本能などのマイナスの要因も隠れているので、量からしても圧倒的に顕在意識より多く、私たちの思考や行動は、実は潜在意識に支配されていると言っても過言ではない。

自分自身の本質を知るためには、表面的な自分を見るだけでなく、自分の潜在意識下に、どんなモノが隠れているのかを知る必要があるのだ。

しかし、簡単にそれらの深い部分までを知ることはできない。プロの指導を受けるような取り組みをしないと、いくら自力でもがいても日常的に向き合うことは難しいだろう。どうにかして、私たちがその部分にふれることはできないだろうか。

人間の意識

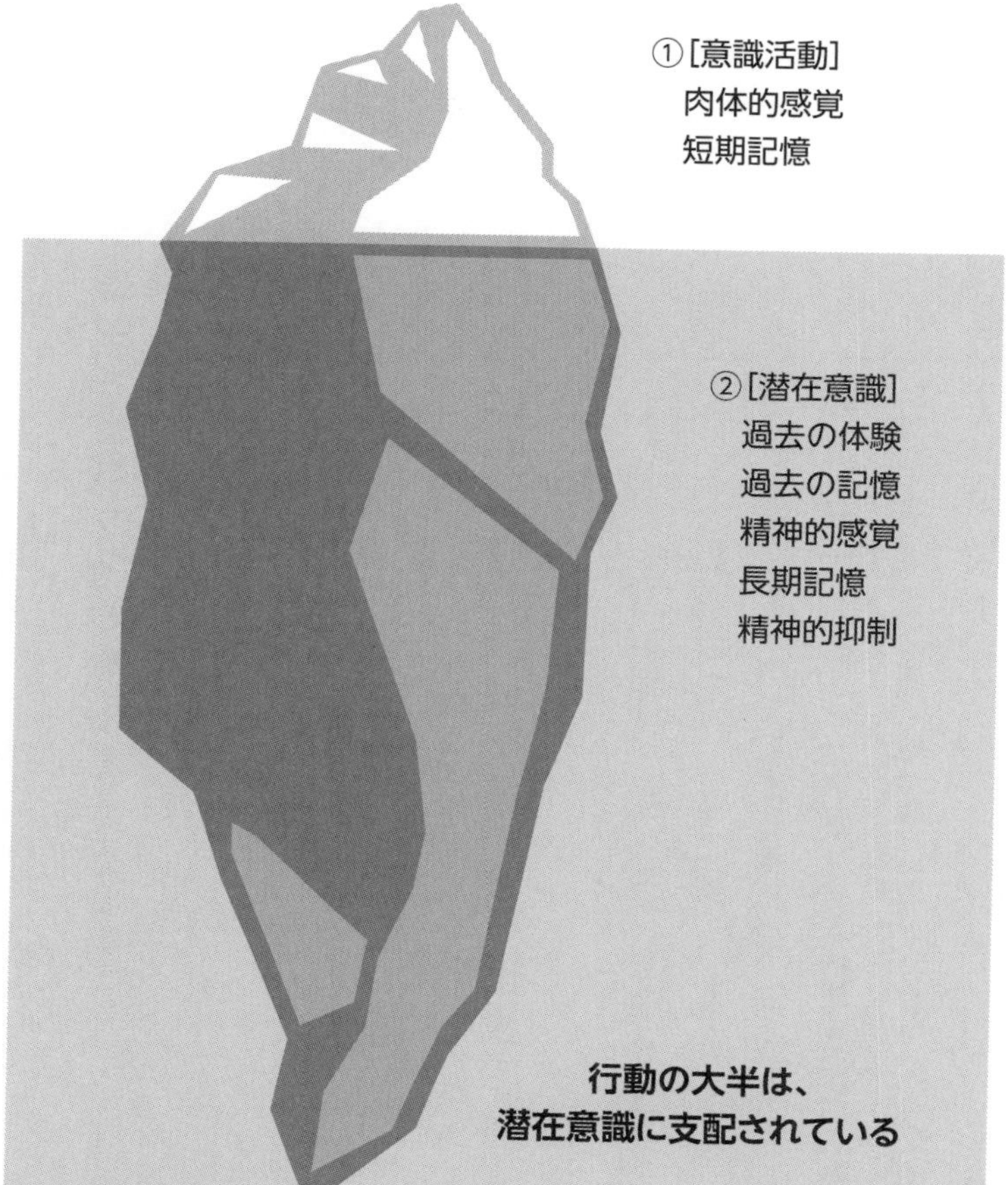
①［意識活動］
肉体的感覚
短期記憶
②［潜在意識］
過去の体験
過去の記憶
精神的感覚
長期記憶
精神的抑制
行動の大半は、
潜在意識に支配されている

自分に〝意識〟を集中させることで見えてくるもの

潜在意識のすべてを自分の力だけで知ることは不可能に近いが、日々、いろいろなことを問いかけたり（自問自答）、今までやったことのないことにチャレンジし続けたりすることで、本来自分がもっている潜在能力や隠れた一面を可視化させることはできる。〝メソッド〟などという大層なものではないが、私が自分でも実践し、気づきのきっかけとなった問いかけをご紹介したい。静かな場所で、心を落ち着けながら自分に問いかけてみてほしい。

［第1ステップ］勇気と覚悟

・**弱み**だけではなく、自分自身がなんとなく抱いてしまっている**不安や怒りや疑問**にも目を逸《そ》らすことなく、自分の内面で起きていることを**自覚する勇気と受け入れる覚悟**をもつことから始めよう（できれば書き出してみること）。

［第2ステップ］改善

・不安や怒りや疑問を見つめ直したあと、もしも必要と思うなら改善してみる。

【第3ステップ】素直に受け入れる

・「今さら自分を変えることはできない」という方もいらっしゃるだろう。その場合、まずは**自分の言動の積み重ねの結果が今の環境や状況をつくっていること**を素直に受け入れてみよう。

【第4ステップ】アイデンティティへの気づき

・自分の欠点や弱点、そしてポンコツなところも、自分のアイデンティティ（私が私である理由）の一部になっていることに気づくこと。決して反省ではなく、「自分に気づく」という分析であることを自覚する。

【第5ステップ】ヒントへの気づき

・自分の今までの言動が、自分にとってマイナスだったと気づくことができたなら、その気づきが今の自分の不安や怒りや疑問、落ち度やマイナス要因、そして苦しみに対処する方法を教えてくれるヒントになることに気づく。

一度だけじゃなく、二度、三度と問いかけてみてほしい。

以下は私自身が実際に自分でやってみたことである。こんなことにもチャレンジしてみてはいかがだろうか？　参考のために。

◎聴いたことのないジャンルの曲を聴く。新しいコトを試す脳の機能を鍛えてみよう。新しいサウンドや感覚を自分に取り込んでみる（聴覚）。

◎新たな動きを伴うチャレンジをする。いろいろなテーマの講座に参加してみる。ウォーキングに出かける、ジョギングのサークルに入る、など。楽しみを見出《みいだ》すレッスン（行動力）。

◎友人やパートナーと一緒に、久しぶりに街の図書館へ出かけよう。図書館職員の方のおすすめの本を読んでみてはどうだろうか。読書がどれほど自分の世界観を広げ、活力をもたらす燃料になるかを思い出させてくれる（向上心）。

◎自分にたくさんの問いかけをしてみよう。時には自分の問題点を書き出し、各問題点の中で自分がコントロールできる部分を探す。入念に探せば、自分の思っている以上に、問題解決を阻んでいるものに対して自分が大きな影響力をもっていることがわかるだろう。多くの場合、自分のもつ影響力は、恐れを乗り越えたときにのみ発揮できる。自分の書き出した問題点を精査し、「問題解決を阻んでいるものは何か？」と自問してみることだ。人生はまだまだ続くのだから（分析力・人間力）。

◎自宅と職場の往復、買い物の順路・経路をいつもと変えてみたり、自宅の近所でわざと迷子になってみたりする。今まで知らなかった、探求しがいのある地域を見つけられるかもしれない（視覚・体力）。

◎自分の人生の目的を考えてみる。基本的な部分（例えば、どのように生きていきたいのか、どんな場所で生活を送りたいのか）を達成したあとは、何を成し遂げたいのかを書き出してみよう。人生のビジョンをつくるのだ。他人に話す必要はない。自分で何度でも改定していけば良い！　自分の人生だ。想像するのに資格も預貯金も関係ない（想像力）。

◎何年も会っていない友人と連絡を取ってみよう。そして、可能ならば会ってみよう。結構いろいろな気づきや驚きがあり、刺激になるものである（刺激力）。

いろいろなチャレンジを重ねていくうちに、どんな人でも柔軟性をもつようになってくる。柔軟性は、選択肢の広がりを生むだろう。

そうなると、今の仕事や人生の現状にとらわれない習慣が育つようになる。たったひとつだけの選択肢に固執している自分に別れを告げようではないか。

チャレンジ精神が芽生えてくると、自分の可能性について自由に夢を見て描くクセ＝習慣も生まれてくるものだ。躊躇《ちゅうちょ》せず、自分の気持ちの赴くままに任せてみよう。

あなたの可能性は無限大だということを忘れずにいてほしい。

人生、面白いのは「こ・れ・か・ら」なのだ。

「心の断捨離」を実行する

「いつか」「もしかして」「とりあえず」は
捨てない言い訳の言葉です。
未来への過剰な期待、過去の美化は
今を大切に生きる妨げになります。

株式会社OSCAR ブログより

「断捨離」とは、ヨガの考え方を日常の〝片づけ〟に落とし込んだ、やましたひでこさんの造語である。過去に溜《た》め込んだ不要なものを捨てることによって、身も心もきれいにすっきりさせましょう、という意味の言葉だ。

先に紹介した**気づくための問いかけや新しいことへのチャレンジ**などは、自分を整えるためには有効であるが、それでも問題の本質に潜んでいる**悪《あ》しき〝思いグセ〟**は、なかなか強力で、すぐに消すことは難しい。

なぜなら、クセになっている理由の根本が潜在意識の奥深くに潜んでいる場合が多く、なかなか意識できないからだ。

「どうして、いつもあんなふうに考えてしまうのか？」

誰にでもひとつくらい、自分の思い方や考え方に疑問をもつことがあるだろう。なぜ、そう思ってしまうのか？　考えてしまうのか？　それを少しでも知るために、**「心の断捨離」**という問いを考案してみた。

全部で15項目。必ず誰もがもっていて「なくなればいいなぁ」と思うことをピックアップしている。自分を整えるために活用していただきたい。

心の断捨離　15項目

①　本当にやりたいことに対して罪悪感を抱くのをやめる

↓自分に正直になろう

②　知らない世界への恐怖心をやめる

↓思いきってやってみよう

③　後悔することをやめる

↓後悔や反省より分析をしよう

④　心配することをやめる

↓心配しても心のモヤモヤが増えるだけ

⑤　文句を言うことをやめる

↓気に入らないことは「受け入れる」か「変える」しかない

⑥　自分がかわいそうだという考え方をやめる

↓まったく意味のない考え方であることを知る

⑦　他人のために尽くしすぎることをやめる

↓まずは自分のことを第一に考えよう

⑧何ごとにも白黒をつけたがるクセをやめる
↓人生にはグレーなことだってあることを知る

⑨始める前からあきらめてしまうクセをやめる
↓何ごともやってみないとわからない

⑩過去の恋人への怒りをやめる
↓終わった愛はすべて懐かしい思い出

⑪常に先回りをして考えることをやめる
↓やっているうちにわかることだってあることを知ろう

⑫お金のことで悩むことをやめる
↓今あるお金の価値を自覚し、正しく使うこと

⑬他人を変えようとすることをやめる
↓余計なお世話だと理解しよう

⑭他人に合わせることをやめる
↓自分の軸で生きるようにしよう

⑮自己嫌悪の感情をやめる　↓ありのままの自分を愛そう

「自分を整える」ための
毎日の習慣

日頃から整理整頓を心がけていれば、
それが生活や仕事に規律や秩序をもたらす。

サッカー選手　長谷部誠

クリアリング

「心の断捨離」に似ている習慣に**〝クリアリング〟**という方法がある。

これは特にアスリートの世界では極めて重要な能力だと言われていて、一言で言うなら**〝忘れること〟**である。

試合中のミスや失敗から生じる嫌な気持ちは、脳を否定的にし、発揮能力を著しく低下させてしまう。だからこそ、できるだけ早く忘れて、気持ちを素早く切り替えることが必要になってくるのだ。否定的になりかけた脳を切り替えて、前向きにイキイキと働く肯定的な脳にすることがアスリートには大切だ。

しかし、これは何も失敗体験だけに言えることではない。実は成功体験も忘れてしまったほうがいい、という。なぜなら、成功の歓喜も過去の失敗と同様、精神状態を不安定にさせてしまうからだ。成功にとらわれすぎて今の実力を発揮できなくなる。

アスリートたちが大切にしていることは、私たちのような一般の人たちにも応用できるだろう。何かにチャレンジするときでもいいし、日々の暮らしの中での感じ方・思い方でもいい。昔の失敗やうまくいったときのことは思いきって忘れ、それらがつくり出す不安や心配、または過剰な自信はなくして、今この瞬間だけに100パーセント集中していく。

「脳」には、過去や未来という時間軸はなく、すべては **〝今この瞬間〟** しかないので、過去の不安や心配も、未来に対する不安や心配も、全部が〝今〟に影響してしまうのである。

ハイハイから1人で歩こうとするときの赤ちゃんを思い出してみてほしい。

何度転んで泣いても、泣きやんだらまた歩こうとするだろう。再び立ち上がろうとして転んで泣いてを繰り返しても、決してやめようとしない。

「さっきからチャレンジしているけど、また失敗するだろうから、もうやめた」

そんな赤ちゃんを見たことはないだろう。

赤ちゃんは、まだ人生の経験や体験が乏しいがゆえに、失敗を失敗としてとらえず、今立ち上がって歩きたいという思いだけで素直に行動する。本来は、私たちも同じだったはずだ。いつの間にか積み重ねてきた人生経験が、良くも悪くも自分の行動にブレーキをかけてしまうのである。

クリアリングとは、つまり一種の自己暗示である。ネガティブな「思い」をどれだけポジティブな「思い」に変えられるか。起きてしまった現象が変わらない場合は、自分の思い方ひとつで現象へのとらえ方を変えてしまうのだ。

「解決できる問題だから悩む。解決できない問題なら、絶望することはできても、悩むことはできないだろう。悩んでいる私は、大変な幸せ者なんだ」

〝悩む〟へのとらえ方を変えれば、それは幸せな行為という意味合いに変わる。扁桃《へんとう》核《かく》が「快」「不快」を感じ取ることはお伝えした通りだが、できるかぎり「快」になるような肯定的なイメージを脳に入力し続けること。

事実に基づくリアルな「不快」の入力も、思いやイメージで描かれた「快」の入力も、脳では同じように記憶データとして残るわけである。クリアリングひとつで、人間の感情などいくらでも変えられるのだ。データの入力次第で、不幸のどん底に落ちたような気分も、たちまち幸福な気持ちに一変してしまうのだ。

朝と夜の〝気〟の整え方
サイキングアップとカームダウン

日本語の中で**〝気〟**という字を使った言葉は、たくさんある。

「元気」「勇気」「気質」「健気《けなげ》」「人気」「弱気」「活気」「気合」「気心」「雰囲気」「不気味」「無邪気」「意気消沈」「一気呵成《いっきかせい》」など、挙げればキリがない。

中国では古くから〝気〟の研究が盛んに行われていて、太極拳や気功などでも〝気〟の流れを重んじている。〝気〟とは一体何だろうか？　その人を動かしているエネルギーの源のこと？　もしくは、精神や感情の動き？

詳細は私にもわからないが、「元気」という言葉が示すように、下がっているよりも、上がっているほうが健康にもいいことは誰でもわかるだろう。そんな**〝気〟**の上げ方と鎮め方、**「朝のサイキングアップ」と「夜のカームダウン」**をお伝えしておきたい。

【朝のサイキングアップ】

1日のスタート。朝の脳に生まれるイメージによって、その日のツキや運が決まると言っても言い過ぎではない。つまり朝の脳の状態、扁桃核の反応が1日中影響してしまうということである。


「今日は苦手な人と会うんだった」

「今日の商談は嫌な相手だ」

「今日はクレーム処理に行くんだ。鬱陶しい」

「なんだか、やる気がしないな」

「今日は嫌いな上司と面談だ」


扁桃核が「不快」になった状態で1日をスタートしてしまったら最悪だ。ネガティブなイメージが心を覆ってしまい、ずっと否定的な気持ちで過ごすことになりかねない。1日のスタートの朝こそ脳にどのようなイメージを抱くかがポイントなのである。

第1章でもふれたが、私は自宅にいるとき、仏壇と神棚のお水を換えてお線香をあげ、仏壇と神棚の両方に手を合わせる習慣をもっている。また、自宅でも出張先のホテルでも、窓のカーテンを開けて空に向かって手を合わせ、ひいお爺《じい》さん、ひいお婆《ばあ》さんまでの、ご先祖さまの名前を呼ぶという習慣ももっている（数年前、家系図も制作していただいた）。

「今日も元気に目覚めました。ありがとうございます。今日も元気で過ごせますように、よろしくお願い申し上げます」

このように祈りの日課を欠かさないでいるのだ。実はこれも一種のクリアリングと言える。肯定的なイメージや感情を言葉に乗せて自身の耳から再入力させ、塗り替えを行い、今日1日が良い日となるように、自身の感情をコントロールするのである。

朝の日課を終えると、今度は、〝気〟を高め、脳をワクワク状態にするサイキングアップを行う。洗顔時に鏡の中の自分に向かって語りかけるのだ。こちらもご紹介しておこう。

まず初めに、鏡で自分の顔を見ながら次の言葉を数回ずつ語りかける。

「今日もツイている気がする」
「今日の仕事は最高にお役に立つな」
「今日出会う方に喜んでいただけるぞ」

「感謝される気がする」

次は断定的に、この言葉を5回、語りかける。

「今日はツイていました。ありがとうございます」

そして最後は、この言葉をゆっくり3回語りかけて終わる。

「ツイています」

毎日毎朝、そうやって自分の**〝気〟**を高めて1日をスタートさせることによって、確実に脳は「快」をイメージしながら、最大限に機能を働かせてくれているのだ。

【夜のカームダウン】

就寝前は〝気〟を鎮めるカームダウンが効果的である。

「ツイている」という朝の自己暗示に対して、**「ツキがあった」「運が良かった」**と実感することが夜の自己暗示になる。

仮に、もし今日1日に否定的な記憶があったとするならば、それを肯定的に塗り替え、扁桃核を「快」にしっかり戻しておく必要がある。寝る直前の感情を最高の状態にしながら、今日1日がとても「運」に恵まれていたと感じられる自己暗示をするのである。

初めに、次の言葉を数回、自分に語りかける。

「今日も1日、無事に終わり、運がありました」

次は断定的に、この言葉を5回語りかけよう。

「今日は運があった。ありがとうございます」

最後に、次の言葉をゆっくり3回語りかける。

「運がある」

自己暗示の言葉がけで大切なことは、必ず断定の形にすることだ。

「運がありました」

「夢が叶いました」

間違っても願望のような形での言葉がけは慎むこと。

「〜したい」

「〜しようと思います」
「〜できたらいいな」
これらの言葉では、脳は切り替わらない。「〜したい」は、「〜できないかもしれない」という意味を含んだ言葉と言えよう。

最強のクリアリングは「感謝する」こと

「自分を整える」の最後に〝**最強のクリアリング**〟をお伝えしておこう。このことを理解しているかどうか、腹に落ちているかどうかで、自分の整え方は確実に大きく変わってくる。大切なポイントなので、しっかり押さえておいてほしい。

それは**「感謝する」**ということである。

私たち一人ひとりが存在するのは、いろいろな人たちとのつながりがあってこそ、である。これに例外はなく、誰とも一切関わらないで生きてきた人などいない。それをどこまで思い描けるか。感謝の思いを乗せることができるのか。

但し、「感謝する」というこの手法は間違った使い方をすると、極端な表現だが、カルト教団の信者にとって、どんな教祖も世界一素晴らしく思えてしまうのと同じ手法なので、決して悪意をもってお使いにならないようにお願いしたい。

それくらい**「感謝」のエネルギーは強烈**なのである。

ある意味、マインドコントロールの手法と同じ効果なので、私たちの脳内では、**極端に「快」になった扁桃核**は、とんでもないコトを引き起こすのだ。

扁桃核の「快」の認識が、それと連動して視床下部《ししょうかぶ》（視床という嗅覚以外の知覚神経を大脳皮質へ中継する。視床の前下方にあって、自律神経系の高次中枢および体温・睡眠・生殖・物質代謝などの神経中枢が存在する）に伝わり、その指令で全身の自律神経やホルモンに変化が起きてくるのである。

とりわけ、脳内ホルモンが変化し、ドーパミンが脳に溢《あふ》れるので、なんでもかんでも素晴らしく見えてしまう状態になる。次の2つの言葉は、一見似ているような気もするが、実は意味はまったく大違いだ。

「感謝するから、その対象が素晴らしいものに見えてくる」
「素晴らしいと思うものにしか感謝できない」

盲信的に何かを、または誰かを崇拝してしまう場合は、前者の表現が当てはまる。対象物（者）の素性がわからないまま、ただただ感謝することで素晴らしいものに見えてしまうことほど恐ろしいものはない。その点は、よく理解してほしい。

「感謝」は信仰と同様、扁桃核が100パーセント「快」の状態になる。感謝するとき、私たちの脳は手放しで、完全な「快」の状態になってしまうのだ。

脳というスーパーコンピューターは、何かに感謝するときには、完全に自己防衛本能から解放され、100パーセント「快」になるそうだ。これって不思議なメカニズムである。脳には、まだまだわからないことがたくさんある。科学の力をもってしても解明されていない部分が多い。

だから極端な話、ウソでもいいのだ。感謝してしまうほうが勝ちなのである。

・今日1日に感謝する。
・この人生に感謝する。
・生きていることに感謝する。
・ご先祖さまに感謝する。
・両親に感謝する。
・一緒にいてくれるパートナーに感謝する。
・この職業に感謝する。
・やりがいのある仕事に感謝する。
・会社に感謝する。
・上司に感謝する。
・自分自身のツキに感謝する。
・運に感謝する。

あなたが感謝すればするほど、それだけツキも運も向上する。そしてまわりの人たちが素晴らしいものに見える。感謝すれば、その対象は、必ず素晴らしいものに見えるのである。

「感謝」は最強の自己暗示である

この本の読者は大丈夫だと思うが、中には感謝の苦手な方もいらっしゃる。

「どうしても感謝ができません」

そういう方に出会うと、私は次のような話をさせていただき、なぜあなたが今ここにいるのかをイメージしていただく。その話を聞いたうえで感謝ができるかどうかは、その人の感性による。

【命のつながり】

私には2人の親、つまり父と母がいる。

2人の親（父と母）にも、それぞれ2人ずつ親（祖父母）がいる。

これで4人。この4人の祖父母にも、それぞれ2人ずつ親（曾《そう》祖《そ》父母）がいる。

このように、自分の両親や祖父母、曾祖父母とたどって20代さかのぼるならば、総計104万8576人のご先祖さまがいらっしゃることになるのだ。

そして、さらに30代まで数えてみると、時代は平安時代末期から鎌倉時代にまでさかのぼり、総計10億7374万1824人という膨大な数字になってしまう。

もっと想像力を働かせてみていただきたい。もし、30代もさかのぼった10億7374万1824人のうち、たった1人でもなんらかの事情で早死にしていたり、男女の組み合わせが違っていたりしたら、あなたは生まれてこなかったことになる。

もちろん、もし私がそうなら生まれてこなかったし、当然この本を書くこともなく、読者のあなたとも出会っていないのである。

どんな時代でも、それぞれの人が、それぞれの人生を懸命に、真剣に、まっとうしてくださったからこそ、今の「あなた」がいて、今の「私」がいる。

どうだろうか？　おのずと感謝の気持ちが湧いてこないだろうか？

素直に、10億7374万1824人のご先祖さま全員に、「ありがとうございます」という言葉が出てこないだろうか。俗に言う「1人で大きくなったような気になるな」ではなく、「1人で今の命をいただいたと思っているのか？」と言いたくなる。

私たちは今、奇跡的な確率で、ここに生きている。

この原稿を書いている私は今64歳だ。この命を生きていくことができるなんて、最高にツイていると感じている。最高の幸運の持ち主だと感じている。

今生が一体何歳まで生かされるかは、まったくわからないが、つないでいただいた命を使わせていただいているこの人生に感謝せずにはいられない。

それは、あなたにも言えよう。人生で出会うことのできた「奇跡」が、今あなたの目の前にいらっしゃる人たちだ。ご両親やパートナーやお子さんたち、友人はもちろんのこと、ともすれば競合他社の皆さんも、職場で意地悪だなと感じる上司も、身勝手でクレームめいたことばかり言うお客さまにも、すべてに感謝しかない。

「出会ってくれて、ありがとうございます」

私は、人と出会うたびに、こう思わずにはいられない。

「ツイている」
「ツイている」
「ありがとう」
「ありがとう」

その生き方を続けていくと、またあなたに幸運を運んできてくださる方とも出会っていくだろう。そう感じること、そう思うことこそ、最強のクリアリングだ。

「自分を整えるために必要なこととは？」

いくつになってもまずは足元から。パートナーとの関係で悩んでいらっしゃる方。子育てで、いろいろなコトに振り回されてしまっている方。友人との距離感で困ったなって感じている方。その悩める環境や状況にも、心からの感謝を！

第2章のまとめ

◎あなたのまわりにどんな人たちがいるのかを眺めよう

◎自分自身を知るために大切なのは「信念」をもつこと

◎今までの功績にしがみつかないこと

◎いつも「自問自答」しながら自分に気づくこと

◎「心の断捨離」を実行してみよう

◎「クリアリング」でいつも〝今この瞬間〟の気持ちでいよう

◎朝の「サイキングアップ」で〝快〟の1日にしよう

◎夜の「カームダウン」で1日を肯定的に塗り替えよう

◎「感謝する」ことは最強のクリアリングである

◎「命のつながり」を知って自分が奇跡の存在であることを知ろう

ナニメンのひとり言

私は、私を生きるために、この世界に生まれてきた
あなたは、あなたを生きるために、この世界に生まれてきた

私が、私を生きることが、私の、使命であり、天命だ

あなたが、あなたを生きることが、
あなたの使命であり、あなたの天命だ

ただ、それだけである。
それだけが、とっても大切なことなんだ

つくられた価値観の中で、つくられた何かになるために
私たちは、生まれてきたのではない

今、その世界が、どんな世界であれ、その世界に振り回されずに
私は、私を。あなたは、あなたを

この地球上で唯一の「自分」、その自分を生き
自分を輝かせるために、この世界に生まれてきたんだ

だから……今の自分が、喜怒哀楽いっぱーーいの自分でいい
未熟で不完全な自分でいい

そんな自分でいいんだよ

他の誰にも真似《まね》ることができない自分を生きることこそ
私たちが、この世界に生まれてきた理由である

だから今の自分が、どんな自分でも、嫌わないでほしい
否定しないでほしい。責めないでほしい

今の、あなたが、そのままでいい
そのままじゃないと、宇宙は輝かない
スタートは、いつも、いつだって、自分から！
私たちは、みんな、そのままでいいんだよ

「楽しい人生」というのは、一生懸命探しても、どこにもない
楽しい人生の流れというものがあって
そこに自分を乗せようと考える方が多いようだが……

大切なことは「人生の楽しみ方」だ
楽しい人生を探すのではなく、人生の楽しみ方を見つける
そうすることで人生はより充実感につながる

日常生活をいかに楽しくワクワクさせるか？
まわりのせいではなく、自分の心のあり方の問題である

すべての物事に対して意味づけをするのは、あくまでもあなた

世の中に……「嫌いな仕事」「嫌な仕事」は存在しない

あくまでも、あなたがその仕事に対して
そのように意味づけしただけである

意味づけとは、あなたの主体的な思考の問題

ということは……意味づけの幅を広げてみればいいんじゃないか

きっと、そこには違った世界が見えてくるだろう

さぁ、やってみよう。すべてに「楽しむ」を意味づけできたら
人生すべてを楽しむことができるはずだ

自分が驚くほど楽しく生きると決めた
毎日毎日、本当に、いろいろなことがある

さぁ、後ろを振り向かずに
いつも、いつだって、前を向いて生きていくぞ!

終わってしまった悲しみに沈んでいないで、
いつも、いつだって、楽しく生きていくぞ!

いろいろな苦しみの中からも這《は》い上がってやる
みんなが驚くほど、喜びいっぱいで生きていくぞ!

悲しいことも、いっぱいある
しかし、きっと楽しいことも、いっぱいある

どんなに心が闇に包まれようが
太陽のように、いつも変わらずに、輝いて生きていこう

過ぎ去った昨日を手放し、まだ来ない明日を握らずに！
今日という、かけがえのない……〝今、ここ〟

私は、思いっきり、自分が驚くほど、楽しく生きてやるんだ！
もちろん、皆さんのお役に立てる人として、生きていくぞ
それこそが、私が生まれてきた理由だから……

思い描くのは自由

思いに、地位やお金はかからない
ましてや、社会的背景も関係ない

あなたが自分の未来をどう思うかは自由

「どうせ無理」とも「私なんて」とも自由に思える
「キラキラ人生になる」とも
「私はできるかな」とも自由に思える

どちらも、今の環境や状況ではなく
あなたが、どう思うかだけなのである

やりたいコトやってみたいコト
理想の自分になる

「私だからこそできる」って思い描いて
今、できるコトから取り組もう

もしも阻むものがあるとするなら
それは……自分自身の弱気な考えである

人生は……誰のせいでもない

合言葉は……「だいじょうぶ」
さぁ、楽しみながら実行しよう！

自分のパズルをしっかりと意識しろ

人生は巨大なジグソーパズルだ

ピースの一つひとつを確認（経験）して組み立てていく

たまには、勘違いや思い込みで
よく似た違うピースを置いちゃったりしながら

そのパズルが形を成したとき、どれひとつとして
ムダなピースがなかったことに気づくんや

どの体験・経験を省いても、完成することはない

一瞬一瞬の出来事に、しっかり意識を向けよう

好ましい経験も好ましくない経験も全部あり

何があっても

「これでよし」
「次につなげよう」
「完成したパズルはこんなにも素敵だ」

さぁ、今日も1日
より確実にパズルを組み立てていこうじゃないか

言葉には、言霊があると言われている
言葉には、不思議な力がある

だからこそ言葉との出会いが大切

運のいい人とは「いい言葉にめぐり会える人」

人生は「誰と出会うかで変わる」のと同じように
人生で「いい言葉」に出会うことは重要

「いい言葉」こそが、運なのだ

私の人生もたくさんの言葉で救われ
気づき、実践する勇気をいただいた

運を良くするためには
良い言葉に出会うことが重要のようだ

良い言葉を知っているか否かで
その時々の判断基準が変わったりする

私たちは毎日が選択の連続
今の私は今までの選択の結果

選択には自分自身の価値観に
根ざした基準があるはず
その基準を絶えず上げる努力が必要だ

そのためにも「言葉」が必要なのだ

言葉を学べば学ぶほど選択基準が上がり
その結果、人生は好転する

無知は、最大のコスト！

これからも一緒に学び、実践していこう

第3章

生活を整える

みんなそれぞれが
自分の人生の経営者

僕は毎日のように
こう自分に問いかけている。
「今、僕は自分にできる
いちばん大切なことをやっているだろうか」と。

Ｍｅｔａ共同創業者　マーク・ザッカーバーグ

私は習慣形成のプロとして、習慣の大切さを幅広い人たちにお伝えしているが、もともとの始まりである仕事＝経営コンサルタントの経験と実績を生かしながら、現在も数社の経営顧問をやらせていただいている。

「経営」とは何なのか？　事業を営むこと。また、その運営のためのしくみをつくり実践をしていくことだが、これまでの章でも説いたように、**企業活動を通して誰かの幸せに役立つこと、そして喜んでいただくこと**が経営の真髄だと思っている。

そして、もうひとつ。**〝経〟**という字の語源には、「まっすぐに通った縦糸」という意味があり、これは**〝物事の道筋や真理〟**を説いていることにもつながる。つまり、ただお金を稼ぐためだけの営みではなく、「幸せとは何なのか？」を経済活動を通して実践していく使命感と深みをもっている行為だ。

顧問先の社長たちは、新型コロナウイルスパンデミック禍でも、知恵を出し、汗を流しながら、ちゃんと増益の結果を出している。売り上げは若干横ばい、もしくは落ちたけれど、利益は確実に上げている方たちばかりだ。

うまくいっている経営者には共通点がある。それは、

「素直で勉強熱心であること」。

読書家であり、自分が学びたいことには、どんなに忙しくても時間を割く。インプット力に長《た》けていて、学んだことを即行動に移す点も共通していると言えよう。

なぜ「生活を整える」の章に、このような経営の話を取り上げたのか？

それは、この本を読んでくださっている人たちそれぞれが、**「自分の人生」という会社の経営者**だからだ。「経営」という言葉を使うことに抵抗のある人もいらっしゃるだろう。しかし、よく考えてみてほしい。

企画を立てたり、ものをつくったり、仕入れたり、市場マーケティングを実施したり、お客さまへのサービスを考えたり……。関わる社員への愛情も必要だし、そういった関わる人たちのことを考えて、毎年、経営計画を立てて企業としての方向性やあり方を模索していくのも社長の務めだ。

どうだろうか。その役割をそのまま、あなたの人生に当てはめてみると、あなたも**1人の立派な「経営者」**と言えよう。

つまりは、そのような役割への気概をもって自分の人生を見つめ、その根本となる

「生活を整える」発想をもっていただきたいのである。

「生活」を考えたとき、それは「生きる」に置き換えたほうがわかりやすいかもしれない。40代後半から60代に突入する年齢は、そろそろ人生の結実に向けて、何を残すかを明確にしていく必要がある世代だろう。そのような年齢になっても「行き当たりバッチリ」で、若いときから時が止まっているような考え方の人が多すぎやしないか。そんな生き方が誰かの見本となり手本となりうるだろうか？

そういう話になると決まって「俺には俺の生き方がある」って言う人がいるけれど、「あなたは人生を舐めてるんじゃないか？」と私は言いたくなる。

1人で生きていく覚悟があるならまだしも、

「俺には俺のやり方がある」

「俺は今までずっと行き当たりバッチリでうまくいっていた」

などと言っている人にかぎって、他人を巻き込み群れようとするのがオチだ。

そろそろ自分自身の精神の自立を目指す年代じゃないのか。

「人は1人では生きられない」と本書でもお伝えしているが、これからの時代こそ、一人ひとりが個として自立・自律し、なんらかのビジョンや思想に共感し合い、互いに協力し合うという関係性をもった**〝真の仲間〟が必要だ**と私は思う。

何か大義名分をつけて互いの寂しさを紛らわすための、傷の舐め合いの関係で仲間をつくろうという気は、毛頭ない。

物質的にも経済的にも実を結ぶという結果は必要である。同時に精神的にも一生をかけての結実に向けて一歩を踏み出さないといけない年齢じゃないだろうか。

大事なのは、人生晩年の〝生活設計〟だ。つまり、生活の見直し――仕事のことを考え、自分自身を整えたあと、しっかりと日々自分が生きていく「生活」という営みの内容を今一度、組み立て直す必要がある。

経済的な観点は次章でふれるとして、人生そのものに取り組む姿勢をあらためて見直してみよう。そのために、今までの人生を振り返りながら書き留めてみるといい。そう、「生活を整える」という意味でも、あなたの**〝自伝〟**みたいなものを書いてみるのも有効だろう。

もちろん、人生で起きた出来事も書いていただきたいが、いちばん書き出していただきたいのは、その出来事に対して自分がどんな感情を抱いたか、である。

「寂しかった」
「辛《つら》かった」
「怒りが湧いた」
「嬉《うれ》しかった」
「ありがたさをひしひしと感じた」

いろいろな感情が湧き上がってきたはずだ。ぜひ、自分のこれまでの生き方やあり方を振り返ってみていただきたい。

さぁ一旦リセット。今日から再出発だ。

「残された人生で今日がいちばん若い日」を実感しながら生活を整えてみてほしい。

生活の中で「呼吸」を意識してみる

樹木にとって最も大切なものは
何かと問うたら、
それは果実だと誰もが答えるだろう。
しかし実際には種なのだ。

哲学者　ニーチェ

何かを成そうとするとき、どうしてもゴール（結果）のイメージが先行しすぎて、一歩が踏み出せなかったり、尻込みしてしまったりした経験は誰にでもあると思う。特に現代社会はインターネットの情報が主流なので、やる前から結論めいたことを考えたりしてしまう誘惑的な情報が多い。

ひと昔前なら世界中を旅するから見えたり、知ることができたりしたことも、今はネットで確認すれば行った気になってしまうから恐ろしい。

「生活を整える」と聞くと、すぐに流行《はや》りのミニマリスト（衣食住について必要最小限のもので生活するライフスタイルを実践している人のこと）に思いを馳《は》せたり、形のあるものを整理したくなったりするけれど、本書では、もっと根本的なことを見つめてみたい。根本（足元）を整えずして、生活の整理などありえない。

私が、ここで取り上げるのは**「呼吸」**である。

前章までに、脳の働きと習慣は密接に関係していることを書いてきたが、いろいろなことをイメージするための想像力（創造性）が潜在意識下で働きやすいのは、脳がリラックスしながらも、適度に緊張している状態のときだと言われている。脳をリラックスさせる方法はいくつもあるが、「呼吸」という行為は私たちにとってかけがえのない、なくてはならないものであると同時に、いつでも、どこでも取り入れることができ、費用もかからない。呼吸に意識を向けたぶんだけ、すぐさま結果にあらわれるので効率も良い。

呼吸を医学的に分析すると、以下のような働きをもっている。

呼吸によって 肺に取り込まれる酸素は血液に溶け込み、毛細血管を経由して全身の細胞に届けられていく。ゆっくりと深く呼吸すれば、肺に取り込まれる酸素量が増え、酸素を運ぶ全身の血液の巡りもアップするしくみ。その結果、全身の細胞の活性化につながるわけだ。

「呼吸」が大切な理由として、次の3つがある。

① 酸素不足を解消する

デスクワークが多いと猫背ぎみになって呼吸が浅くなる。また、最近ではマスクをつける必要性が高くなったため、おのずと酸素の摂取量が下がっている人も多いようだ。酸素不足になると細胞に必要な酸素が行き届かなくなり、それが高じてエネルギーの生産量が低下することで疲れがとれにくくなったり、筋肉への酸素量が足りなくなって、肩こりや腰痛が起こりやすくなったりする。適度な深呼吸によって酸素不足を解消すると、これらの症状が改善される。

②リラックス効果が増してストレスが減る

しっかりと呼吸をすることによって、副交感神経が働きやすくなる。つまりは、血管がゆるんで血圧も低下し、心身ともにリラックスすることで心も穏やかになり、ストレス自体が軽減される。

③集中力がアップする

脳にまわる酸素量が減ってくると、集中力や頭の回転が低下する。適度に呼吸に意識を向けることで酸素不足が解消され、集中力も高まっていく。

脳がリラックスした状態を維持するために、瞑想《めいそう》やマインドフルネス、または雑念を捨てて無の境地を味わうための坐禅《ざぜん》を取り込んでいる人も少なくない。そんな瞑想や坐禅を行うときに、とても重要視されているのが「呼吸」なのだ。

ちなみに坐禅とは、臨済宗や曹洞宗など仏教の一派の間で修行として行われているものて、脳のメカニズムがわかっていなかった時代に、すごい方法を生み出したものだと感心する。坐禅をすると、深いリラックス状態をもたらすアルファ波という脳波が発生することが科学的にも解明されているので、これは素晴らしい日本の文化のひとつと言えよう。

アルファ波は「集中力の脳波」「ひらめきの脳波」とも言われているが、これを発生させるのは難しくない。「呼吸」によって簡単にコントロールできるのだ。

人は、イライラしているときや緊張しているときに呼吸が浅くなり、脳に十分な酸素量が供給されていないことが多い。

脳は、呼吸が浅い状態を「緊張しているぞ」「落ち着きがないぞ」と覚える。逆に、深い集中状態のときの呼吸は、深くゆっくりしていると覚えているため、呼吸を意識的にコントロールすることによって脳をだまし、アルファ波を発生させることができるそうだ。

呼吸にはいくつかの種類があるが、胸を上下させて行う「胸式呼吸」よりも、お腹《なか》を膨らませたりへこませたりする「腹式呼吸」のほうが効果的なので、ご紹介する。

ぜひ日常生活の中に取り込んでいただきたい。

「腹式呼吸」のやり方

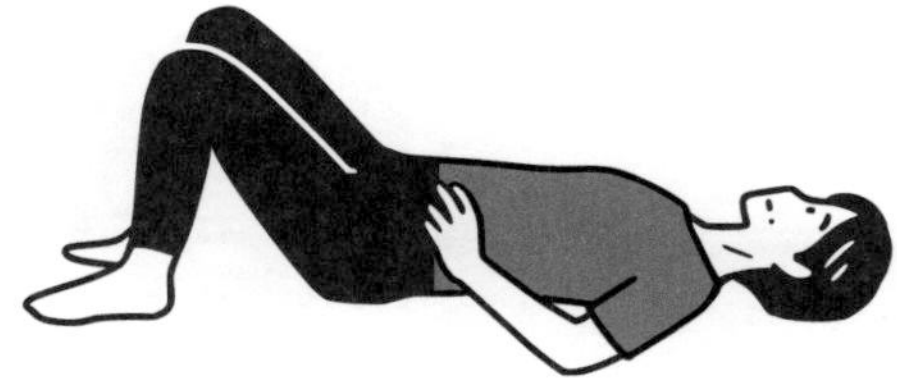

❶肩の力を抜きながら仰向けに寝転び、おへその上あたりに手を置く(慣れるまでは静かな場所で行うことをおすすめします)。

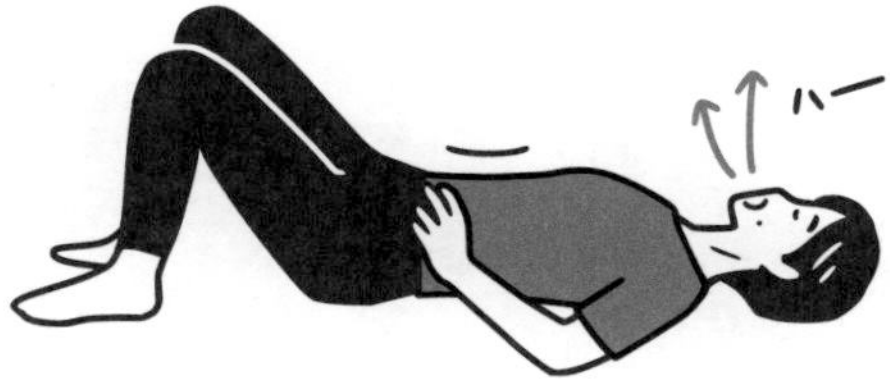

❷お腹を軽く押しながら、お腹から空気をしぼり出すイメージで息を吐ききる。吐ききったら、さらに「ハー」と強く息を吐く(息を吐き出したあとは、お腹がへこみ、腹筋が硬くなっているのを感じてください)。

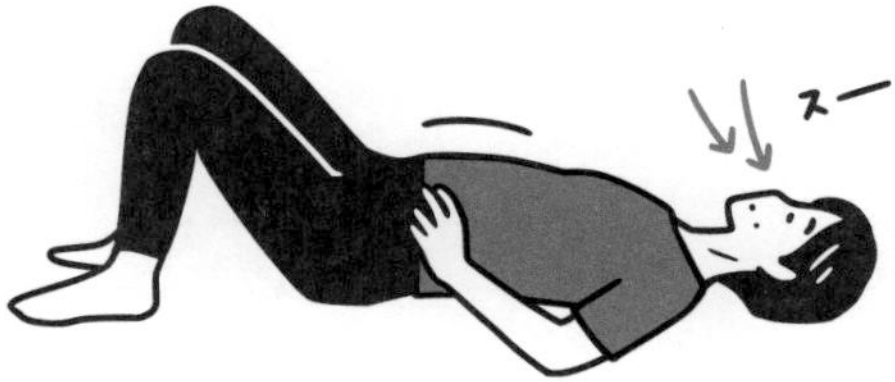

❸鼻からゆっくり息を吸い、お腹が膨らむのを確認しながら❶～❸を数回、繰り返す。呼吸の間隔は、5秒吸って、5秒息を止めて、15秒で吐き出す。慣れるまでは3秒吸って、2秒止めて、8秒で吐き出す。

生活を整えるための9つのレッスン

人生を変えようと思ったときから、
人生は変わり始めている。

そう思うかどうかが、
人生を変えるきっかけになる。

そう思って動き出したとき、
すでに人生は変わり始めている。

ナニメン

①〝今ここ〟という意識で生きる習慣を身につけよう

ＡＩ(Artificial Intelligence＝人工知能)技術やその他の最新テクノロジーによって、私たち人類の暮らしは、どんどん便利になっていった。その技術力がさらに発達していくと、現存する職業のうち、消滅する仕事がいくつもあると騒がれているこの頃だ。

もちろん、私もさまざまな情報をＳＮＳ（Social Networking Serviceの略。日本語に訳すと「社会的なネットワークを築くためのサービス」）などで配信しているので、その技術の恩恵を受けている1人だが、便利さという魅力に取り憑《つ》かれて、自分を見失わないように心がけている。

情報は確かに大切だが、過多になり、そればかりにとらわれたりすると、自分の軸がブレて**今いる〝現在地〟**さえわからなくなってしまうことが多い。

大切なのは**〝今ここ〟**だ。分に見合った、分相応な自分でいいじゃないか。**「本分をまっとうし、今を生きる」**こと。さまざまな情報に一喜一憂したり、自分を過剰に大きく見せようとしたり、過去の自分、または未来の自分を投影したりしても、何ひとつ変わらないのが現実だ。唯一はっきりするのは、**〝今ここ〟に自分はいない**ことくらいだろう。

情報の使い方を誤り、自分の軸をもブレさせてしまったら、せっかく人類が生み出した技術力という叡智《えいち》も本末転倒になってしまう。

〝今〟という目の前の現実は、実にはっきりしたことを私たちに教えてくれる。現実が教えてくれることとは——良きコトをすれば良い結果がついてくるという**「善因善果」**、そして悪いコトをすれば悪い結果になるという**「悪因悪果」**が普遍的な道理なんだということである。

では、良きコトとは何なのか？　それは、自分の本分をまっとうすることがすなわち「善因」であることにつながる。私という存在もあなたという存在も、それ以上でもなければ、それ以下でもない。ただ淡々と自分がやるべきことをやる、と言い換えてもいいだろう。

とにかく自分がやるべき目の前のことに集中すること。そこに至るまでの道が善因ならば善果が、悪因ならば悪果が起こるだけだ。人間の力でそれを変えることはできない。ただそれだけだ、ということを忘れないことが大切なのである。

やるべきこととは、今やっていることだ。大切なのは「今」なので、今やっていることを精いっぱい、心を込めてやろう。

どのような環境や状況に置かれても、今この瞬間には目の前にやるべきことが必ずある。そのことを、心を込めてやっていく。

あなたは、それができているだろうか。

人生は〝今〟という瞬間の積み重ねである。

常に〝今ここ〟に生きるコトを大切にしてほしい。

② 早起きして清々しく充実した朝を過ごす習慣を身につけよう

「早起きして清々しく充実した朝を過ごす」

私は、起業して数年後から早起きを実践している。起業したての頃は、何をやってもまだ空回りして、なかなか自分の仕事のペースや生活のリズムがつかめなかったが、1日のスタートを早起きに変えてから物事が好転していった実感がある。

その効果は計り知れないし、一言では表現しにくい。但し、はっきりと言えるのは、「生活が整った」ということだ。

その日がどんな1日になるかは、朝の時間の過ごし方で決まると私は考えている。

例えば、仕事をもっている人が朝寝坊をすれば、仕事に取り組む態勢を整えることができないだろう。出遅れ感は1日中ついてまわるはずだ。反対に、早起きすればゆとりができるため、自分のペースを保つことができるようになる。

私は、休みの日の予定も前日に立てて取り組んでいる。散歩ひとつにしても「時間が空いたら行こう」ではなく、明日の何時に家を出て、どのコースで、何時には帰宅しようと、予《あらかじ》め決めておくのだ。

例えば私の場合は、ボーッとする時間も午前11時から12時までの60分と予め前日に決めておき、その時間帯には手も頭も休めている。

予め決めておくというコトをおすすめしたい。もちろん起床するのは毎日のことなので、決まった時間に起きるところからスタートだ。

起きる時間が決まったら、やることは**「ひとつ前の行動」**に意識を向けること、である。

これは、どういうことかというと、

◎**就寝時間**　↓　その「ひとつ前の行動」……**入浴**
◎**入浴**　↓　その「ひとつ前の行動」……**夕食**
◎**夕食**　↓　その「ひとつ前の行動」……**帰宅時間**
◎**帰宅時間**　↓　その「ひとつ前の行動」……**終業時間**
◎**終業時間**　↓　その「ひとつ前の行動」……**始業時間**
◎**始業時間**　↓　その「ひとつ前の行動」……**自宅を出る時間**

こうやって、1日にやることをさかのぼっていけば、おのずと朝何時に起きる必要があるのかという算段ができるようになる。朝起きる時間が決まれば夜寝る時間も計画が立てやすいし、1日の仕事のペースもつかめるだろう。

その日にやることを事前に準備しておくことで、充実した1日を送ることができる。あとは前章で紹介した「夜のカームダウン」を取り入れて、「ツキがあった」「運が良かった」と自己暗示をしながら眠りに就けばいい。

そのようなペースやリズムを、とにかくルーティーン的に繰り返しているうちに、気づけば「早起きの習慣」は確立される。早起きして、朝必ずやることを決めて実行することで、おのずと自信も湧いてくるし、充実感を手に入れることもできる。

率先して朝活をやっているグループが、拙著『習慣が10割』(すばる舎刊)の読書会を開いているという話を聞いて、午前4時から何度か参加したことがある。30名近くの人たち(大半が女性!)が私の本を輪読しながら、そこに書かれている意味や感想を述べ合っているのだ。私は、涙が出そうになった。著者冥利に尽きるの一言だ。

そういった〝朝活〟に目覚め、1日のスタートを朝型に整え始めている人たちは少なくない。もちろん、私は夜型の人を否定しない。深夜の静かな時間のほうが、何かとはかどるという人も確かにいるし、かくいう私も昔は夜型人間だったのだ。

しかし、1日のスタートを朝型生活に変え、ゆったりとした時間配分を心がけ始めてから、自分のペースで生きていくことが〝楽〟になった。1日が24時間であるという事実は変わらないが、中身、つまり1日の〝質〟が半端なく向上したのだ。

自分のペースを保つことができれば、心も穏やかになり、人への対応も自然体で和やかなものになる。それは、誰に対しても感謝の心をもって接するために必要不可欠なことであり、自分の軸を形成する意味でも大いに役立っている。

毎朝の起きる時間を決めよう。
明日からでも30分早く起きてみよう。
あなたの1日が確実に変わり、良縁も生まれやすくなることを約束する。

③ 朝15分間の掃除をする習慣を身につけよう

ズバリ**「整った心で家を出る」**という習慣を実行してみよう。

毎朝30分早起きすることによって、自由に使える朝の時間ができる。それをどのようにして過ごすか。朝の読書や朝の勉強も気持ちのいいものだが、**「朝15分間の掃除を日課とし、整った心で家を出る」**

これが結構、心を整える意味でも効果的なのだ。

会社や学校に行く前に、所用で出かける前に、掃除なんてしていられない……そう考える人も少なくないだろうが、そのような人は毎日、掃除をする場所を決めればいい。例えば、

◎月曜日はキッチン
◎火曜日はトイレと玄関
◎水曜日はベッドルーム
◎木曜日は書斎

◎金曜日はリビング
◎土曜日は風呂場と洗濯機
◎日曜日はクローゼット

このようにローテーションを組めば、掃除にかける時間は1日15分もかからないで済むし、週末にまとめて掃除をする必要もなくなるだろう。

掃除をするということは、単に部屋を片づけ、きれいにすることだけではない。その作業を脳の中で意味づけしていけばいいのである。

「部屋の塵《ちり》を払うことは心の塵を払うこと。廊下や床を磨くことは心を磨くこと」

そういうイメージをしっかりもってみること。

部屋の掃除ができず、家の中は散らかり放題……。そんな人は、過去の記憶から「掃除＝面倒で不快」と脳が判断して、回避反応を起こしていることが多い。そんな人におすすめの考え方は、

「家中をピカピカにしようとは思わないこと」。

あまりにも気負ってしまうと掃除が嫌になり、長続きしない。それよりも、とにか

く簡単に、ちょっとずつ実行する気持ちで取り組むこと。

「不要なモノを3つだけ捨てる」

「掃除機を5分だけかける」

「毎日、決まったところだけ片づける」

家事もそうだが、掃除の良い点は、作業に完全に集中しなくても、好きな音楽をかけたり、ラジオの番組を流したり、〝**音**〟を聴きながら実行できることにある。そうやって耳を使い、体を動かしながら掃除をしていると、脳も勝手に、「楽しいことをしている」と解釈するようになる。

自分の気分が高揚する、好きなアーティストの音楽を決まってかけているうちに、その曲を聴くだけで掃除をしたくなる……なんていうこともありうるのだ。とにかく**「掃除＝ワクワクすること」**と脳に覚えさせることができれば、こっちのもの。楽しく掃除をすることだって可能になる。

掃除と整理整頓は坐禅にも匹敵する修行である。掃除で心を整えてみよう。きれいな心でいれば、心の目にも曇りは生じない。曇りのない心眼なら、そのとき、その状況で、相手とどのくらいの距離をとるのが適切かを計ることもできるだろう。つまり人間関係でイライラすることが自然と減っていくことも、実体験からお伝えしておこう。掃除をすることと心のあり方は深くつながっているのである。

④感謝と尊敬の念をもって合掌する習慣を身につけよう

「感謝と尊敬の念をもって合掌する」こと。感謝する心はとても大切だ。生活の中でもさることながら、会社経営において、もっと言うなら「人生の習慣を整える」ことにおいても、まずは感謝できる心から始めよう！

手を合わせて、心を落ち着ける――。

合掌には、右手は相手の心、左手は自分の心で、それを合わせることは相手と心をひとつにすること……という意味がある。仏壇の前での合掌なら、ご先祖さまと心をひとつにして、今命をいただいていること、今日も無事に朝を迎えられたことを感謝する所作になるし、もし神社仏閣ならば、もっと大いなるものに対する尊敬の念や畏敬の念をあらわすことになるだろう。

111ページでもご紹介した通り、「感謝」は脳と心の最強のクリアリングになる。感謝することで脳が「快」の状態になることは、ややもすれば盲信的な危険性も伴うが、例に挙げたような「今日1日」「人生」「命」「ご先祖さま」「仕事」への感謝なら、感謝すればするほど、ツキも運も向上する。

毎朝、ご先祖さまに感謝することは、人に対して感謝することにもつながる。仕事のご縁をいただいてありがたい。友人でいてくれてありがたい。そんなふうに思えるようになれば、あなたの心は盤石。何ごとにも左右されなくなるに違いない。

「感謝」に関しては次章の〝**人間関係**〟のところでも、じっくりふれてみたいと思う。

⑤ 直筆の葉書や手紙を書く習慣を身につけよう

パソコンやスマホの存在が一般的になってから万年筆や鉛筆で文字を書くことが減った。それは私自身も実感している。ついついタイピングに慣れてしまって、文字を書く機会も少なくなった。

それでも、できるだけお礼状や挨拶状は、葉書や便箋に直筆で書くように心がけている。ちょっとした文章を書くための一筆箋も常備するようにしているほどだ。

今はSNSでのやり取り、メールやLINEメッセージが使いやすくて便利だからつい日常的に使用してしまうが、大事なお願いごとや深く反省したことへの謝罪をそれで済ますのは、明らかに礼を失することになる。

人の機微や真意は、メールやLINEメッセージでは伝わりにくい。

できるだけ**「心を込めた直筆の手紙を書く習慣」**を身につけよう。

今まではチームで仕事のスピードと内容の共有を図るためにメールやSNSを活用してきたかもしれないが、大事なことを伝えたいときには、手紙をしたためてみよう。

どうしたら思いが伝わるかを考え抜き、言葉を選び、さらにお相手が読んでくださったときの状況をイメージする……。このように時間も労力もかけることで、文面にも思いがこもるものだ。

「私は字がきれいじゃないから……」

とペンを握ることを躊躇《ちゅうちょ》する気持ちもわかるが、それでもゆっくり丁寧に書いた文字から気持ちは伝わるものである。恥ずかしがらないで書いてみよう。

また、**「日記」を毎日書いてみる**のも効果的だ。但し、頑張って書かなきゃ……という気持ちではなく、「1行でも大丈夫」と自分へのハードルを下げること。たった1行でも書いたなら、自分との約束を守ることができるだろう。その日、最も感動したことや嬉しかったことを1行だけ書くなら習慣にできると思う。

ここいちばんというときに、心を伝えてくれるのは葉書や手紙だ。

その力を今一度見直し、ぜひ実践していただきたい。

⑥ 三業を整える習慣を身につけよう

50代や60代になったら「品性」が必要だ。

〝品〟とは、実に不思議なものである。いくらお金を積んでも手に入れられないもの。

例えば、数千円のシャツを同じように着ていても、〝品〟のある人とない人では漂ってくるものが違う。いくら高価なものを身につけていても、〝品〟のない人からは品性を感じることができないものなのである。

つまり「品性」とは、外側から重ね合わせるものではなく、内面から滲《にじ》み出てくるようなものだと言える。それが日々の **〝ふるまい〟** となって表現されるのだろう。

「三業《さんごう》を整えて、ふるまいを美しくする」

禅の教えにあるこの言葉は、美しくふるまえば、言葉も美しくなり、心も整うという意味。三業とは、身体の「身業《しんごう》」、言葉の「口業《くごう》」、心の「意業《いごう》」のことであり、ふるまいを美しくするときは、この3つを整えなさい——禅の美の表現を借りるならば、**「簡素にして自然」** ということになるだろう。

それは、決して上品に見せることではない。心を込めて、丁寧に所作を行えば、おのずと、簡素で自然な美しいふるまいになるもの、ということを教えてくれている。

年齢を重ねることは、ただ単に歳《とし》を取って老人になることでは決してない。それまでの経験や体験を踏まえてしっかり自分と向き合うならば、それは若い時代には味わえなかった心の厚みや器の大きさとして反映される。そして、それらが〝**品**〟となって、その人の存在の輪郭をつくるものだ、と私は思う。

常に意識しておかないと、今まで培った「習慣」からつい自我が出てしまいかねない。人生後半は凜《りん》としたオーラを放ちたいものである。

⑦ 自然とふれ合う習慣を身につけよう

何歳になっても、感性を磨き続けることは重要である。

「感性」とは、何かを見たり、聞いたり、触ったり、味わったりしたときに、深く感じ取る心の動きのことを言う。

人の気持ちを感じ取る力や場の空気を読む力、思いやりや優しさ、またはモノを想像したり、創造したりする力も、どのような感性をもっているかによるだろう。

感性も〝品〟と同じく、お金で買えたり、外側から与えられたりするものではない。自分の内側に築き、磨いていくものだ。それはセンスにも関係してくる。

感性を磨くためには、いろいろな方法があるが、私がいちばんおすすめするのは、**できるだけ自然とふれ合うこと**である。

移動手段も便利になり、建物に入れば至るところに冷暖房が備わっている現代社会。日常の中で季節を感じることさえ難しくなっているこの頃だ。だからこそ、自分から定期的に自然の中へと足を向けるようにしよう。

自然豊かな環境の中に身を置きながら、呼吸を整えて、ゆっくりと歩いてみる。葉と葉がこすれる音、小鳥のさえずり、草の香り、北風の冷たさ、厳しい日差し、柔らかな日差し、季節や天候によって変わる雲の形など……。心で感じてみよう。

自然には、自然のほうから人間に向けての「はからい」などどこにもない。ただ、あるがままの姿を表現しているだけだ。それらの姿をどうとらえ、どう感じるかは、こちら側の感性次第……ということになる。

日本人の豊かで繊細な感性は、四季折々の自然とふれ合うことで育まれてきたと言えるのではないだろうか。それが私たちの遺伝子にも組み込まれているはずだ。

また、私たち日本人の心（脳）が備えているはずの、相手との距離感の確認能力と自動調整能力をうまく機能させるためにも、自然とふれ合うことをおすすめしたい。効果抜群であることを約束しよう。

⑧ 定期的に体を動かす習慣を身につけよう

自然とふれ合うことと同じくらい大切なのが**「運動」**である。

「運」が「動く」と書いて運動という言葉になるように、体を動かすことが〝運〟の向上にもつながることは、多くの体験者たちが語っている。頭の中で思い描いていたことが現実化するスピードが速くなったり、良縁とつながることが頻繁に起きたりと、私のところにもたくさんの朗報が届いているほどだ。

実際に運動しているときは呼吸にも関係してくるので、脳の活性化の観点からもそれがいいことはうなずけよう。但し、習慣にするためにも、いきなり目標のハードルを高くしないことがポイントだ。

ランニングで最初から無理な距離を課したり、あまりにも長い時間を強制したりしたら、体より先に心が萎えてしまう。無理のない量と時間をゆるく設定して、とにかく始まりは**「まずは外に出よう」**くらいの感覚でいいと思う。

また、長時間のランニングよりも、心身ともにリラックスしながらのウォーキングのほうが効果的な場合もある。⑦の「自然とふれ合う習慣」とうまい具合に組み合わせて、とにかく「動ける」「できる」を脳に覚えさせることから始めるといい。

また、ランニングと同じように、筋トレを日常に取り入れる場合も、目標を低くすることが長続きの秘訣《ひけつ》である。いきなり「毎日腹筋30回」などとハードルを上げてしまうと、できなかった日があきらめのきっかけとなり、「やっぱり、できなかった」とネガティブな情報がインプットされてしまう。

なので「1日1回ずつ回数を増やしていこう」くらいの感覚で、「1か月後に30回を目指そう」と、ゲーム感覚で楽しくやってみるのもいいだろう。

とにかく、1日1日できたことを自分で褒めるようにしよう。運動が終わったあとに「よっしゃ〜!」とガッツポーズを取るクセも、体と脳にワクワクと楽しさを感じさせる意味では効果的だ。

生活に運動を取り入れて、心身ともにリフレッシュする習慣をつくろう。

⑨ 毎日、読書をする習慣を身につけよう

正直に白状するなら、私も若いときはあまり本を読まなかった。それよりも食事をしながら、お酒を飲みながら、いろいろな人と会って話をするほうが好きだったのである。本代より、酒代にお金が消えるほうが圧倒的に多かった。

45歳で独立して起業し、なかなか自分の思うようにいかなくなった頃あたりだろうか。本書に書いてあるような早起きスタイルに切り替えたり、人生の師との出会いから学ぶようになったりしていくうちに、少しずつ本と接する機会が増えていった。

そのときから心がけているのは**「毎日、本を開く」**こと。無理に読み進めようとはせず、最初は目次を見たり、「あとがき」から読んでみたり、とにかくパラパラとページをめくったりしながら、自分の感性で本を楽しめるように工夫をした。

「とにかく毎日、1行だけ読む」でもいいじゃないか。1行が読めたら2行、2行が読めたら3行でいい。読書が苦手という人は、手に取った本がつまらなかったり、内容が理解できなかったりした過去の記憶があるため、脳が「読書＝不快」と判断し、本を読むのが嫌いになってしまったケースが多い。

まずは「読書＝快」に結びつけるのが先決だ。いきなり難解な本を読もうとすると挫折しかねないので、最初は自分が興味をもちそうなジャンルの本――マンガや絵本だってかまわないと思う。

「本を開くのが楽しい」

このように脳が「快」の感覚を覚えたら、あとはどんな作品を手に取っても楽しく本を開くことができるはずだ。

ちなみに、読書を習慣化するときは、時間と場所を決めるのも効果的だ。

「毎朝、通勤電車の中では必ず本を開く」
「仕事の昼休みには必ず本を開く」
「帰宅したら必ず30分は読書をする」
「休日の朝は必ず本を読む」

最近の私は、月に3～10冊の本を読むようにしている。しっかり読むものもあれば、あえて途中で読むのをやめてしまう作品もあるが、それはそれで罪悪感はもたないようにしている。あと、カバンの中には必ず1冊、自宅のリビングには数冊の本を置いて、気分に任せて気軽に読書をしながら毎日を楽しく過ごしている。

第3章のまとめ

◎ みんなそれぞれが自分の人生の経営者である

◎ 毎日「腹式呼吸」をするように意識を向けてみよう

◎ 〝今ここ〟という意識で生きてみよう

◎ 早起きする朝の習慣を身につけよう

◎ 朝15分間の掃除を心がけよう

◎ 感謝と尊敬の念をもって合掌してみよう

◎ 直筆の葉書や手紙を書いてみよう

◎ 三業を整える意識をもとう

◎ 自然とふれ合う習慣を身につけよう

◎ 定期的に体を動かそう

◎ 毎日、読書を楽しんでみよう

第4章

人間関係＋お金を整える

人間関係と「分離不安障害」のこと

誠実でなければ、
人を動かすことはできない。
人を感動させるには、
自分が心の底から感動しなければならない。
自分が涙を流さなければ、
人の涙を誘うことはできない。
自分が信じなければ、
人を信じさせることはできない。

イギリスの政治家　ウィンストン・チャーチル

「人間関係」という言葉は、私と相手、私と仲間、職場や家庭やコミュニティの中での私……というように人間同士の「対人関係」をあらわす。

幼稚園から小中高、大学そして職場、新しい家族。常に対人関係の中で私たちは生きてきた。つまり、人間は1人では生きていけない生き物なのだと言えよう。

皆さんは**「分離不安障害」**という言葉をご存じだろうか。

今、幼児や児童において、いろいろと研究がなされている障害のひとつだ。自宅や愛着をもっている人から離れることに対して持続的に強い不安が生じる病気のことを言う。通常なら母親と子どもの関係性に強くあらわれるものの、ある年齢になると乗り越えていく子どもがほとんどらしい。

私は現代社会において、大人のほうが、この「分離不安障害」に苛《さいな》まれる危険性が高いのではないか、と考えている。

特に、50歳を超えると、今まで社会の中で、良くも悪くも培ってきてしまった「私」への評価が、一気に感じられるようになってくる。

「自分が思っている私」と「まわりが思っている私」の認識や評価に、必ずズレは生じるものだが、今までは地位や役職や立場が「私」の表札だったのが、これからは**「私」そのもので生きていく**ようになる。いよいよ素の自分そのままが表札になるのだ。そのとき、平然と耐えられる人は、はたしてどれくらいいるだろうか。

今、私は危機感をもってこのお話をさせていただいている。

これからは、高齢者人口がますます増えてくる。戦後、特に高度経済成長時代は、生まれてくる赤ちゃんや若者の世代が、まるでピラミッドの下部を占めるように圧倒的な数を誇っていた。

ところが、2000年を過ぎたあたりからだろうか。少なかった高齢者の数が、ものの見事に逆転する。高齢者がピラミッドの下部を占めるようになり、極端に先細るように若者たちの数は激減しているのが現状だ。

幼児や児童の分離不安障害以上に、**高齢者の分離不安障害**が今後、ますます問題視される社会になっていくような気がしてならない。いや、私は、なんとかそれを食い止めたいと考えている。

高齢者の精神的なケアが必要になってきた

人間関係の中でも、特に男女の関係が分離不安を解消するそうだ。男女関係は、分離不安を解消するひとつの方法なのである。

男性の場合は女性を、女性の場合は男性を好きになると、大多数の人が、その相手といつも一緒にいたくなるだろう。よく考えてみると、何もその人だけが異性というわけではなく、これからどんな人と出会うかもわからないし、またまわりにもっと素敵な人もいるかもしれないのに、たった1人の相手と結婚してしまうのは、なぜだろうか。

それでも、まだ日本が貧しかった頃は、2人で暮らすほうが生活費も安上がりになるという切実な理由があった。効率化という点からも2人一緒のほうが良かった。

その他、いろいろな理由が人それぞれにあったと思うが、最も根源的なところには、やはり私たちには「分離不安」というものが存在するからだと私は思う。

繰り返すが、人間という生き物は、1人では生きられない。

ここで言う「ひとり」とは数の話ではない。「ひとり」とは精神的に他人さまとつながっていないという「独り」や「孤独」のことだ。孤独になると、人間の心には分離不安がどんどん湧いてくる。他者と離れることで不安が増大し、精神的にバランスを崩し始めることが多い。

この不安が湧いてくると、とたんに**脳の扁桃核《へんとうかく》は「不快」**に変わっていく。

子どもの場合、親の保護という安心感を失うことは大変危険なことだ。不安と恐怖に怯《おび》えながら、子ども自身が自分を守らなくてはいけないようになり、あるときは極端におとなしく黙り込んでしまったり、あるときは乱暴になったり、あるときは泣き続けながらアピールしたり、兎《と》にも角にも子どもの最高のパフォーマンスである笑顔や無邪気がなくなっていくのだ。


それと同じことが今、高齢者の世界にも起き始めている。確実に拡《ひろ》がっている。

それは**「孤独」**というものがそうさせていると思う。

孤独が、無意識のうちに不安と恐怖を呼び覚まし、自己防衛本能を発動させるのだ。

近年、キレる高齢者がニュースになることが増えた。信じられないような乱暴な事件に発展することも少なくなく、これまでの価値観では理解できない出来事も多発している。それも一部の地域だけじゃなく、全国的に起きているのである。

そうなるとマイナス思考やマイナスイメージ、マイナス感情が、どんどん生み出され、チャレンジ精神とか積極性などはまったく消えてしまうだろう。

これは私の直感だが、ひょっとしたら、長いサラリーマン生活の中で、実は知らず知らずに、この分離不安から逃れるため「～しなければいけない」「当然～すべき」という自己防衛本能を発動させている人が増えているのかもしれない。

分離不安は、人を重大なストレス状態にさせる。精神疾患や神経症のほとんどには、孤独・孤立という背景があることもそれを裏づけているだろう。

赤ちゃんは、抱いたり、あやしたりするスキンシップをまったくしないと、生まれてすぐに死んでしまうというケースもあるそうだ。いよいよ高齢者にも、そのようなケアが必要になってくる。こういう例からも「分離不安」というストレスが、いかに大きなものか、わかっていただけただろう。

なぜ「ひとりぼっち」は危険なのか？

これからの人生、これだけは覚えておいてほしい。

それは、**「ひとりぼっちは危ない」**ということだ。感覚的にわかっている人も多いとは思うが、あらためてあなたの意識の中に入れておいていただきたい。

そして、あなたのまわりに、

「ひとりぼっちの人はいないだろうか？」

と常に意識して眺めてみてほしい。

そんな分離不安を逃れ、扁桃核を「快」にするために、人は結婚するということもあるだろうし、同棲《どうせい》生活を始めるということもあるだろう。そんなのはご縁さえあればいくつになってもできる。そして残りの人生、「貧しいときも豊かなときも互いに助け合おう」と誓えばいい。そういうつながりも大切なことだ。

人は、なぜ結婚するのか。女性の社会進出が取り上げられていなかった昔は、日本の男性には〝会社〟というもうひとつの家族があった。

そこは、さまざまな規制や保護政策によって市場原理の過酷さから男たちを守ってくれていた優しい〝国家〟だった。

黙って言われたことだけをしていれば、定年というゴールまでたどり着き、退職金という手土産《てみやげ》までいただけた。ところが、時が流れて時代も変わり、今はまったく違う企業カラー、まったく違う組織形態となっているのが実情だ。

ひとつの例だが、いろいろな国籍の人も多く、また多民族がひしめく超競争社会のアメリカという国。そこは、あくまで個人として戦い、意識的に自分の人生を主体的に切り開いていかなければ生きていけない場所でもある。

皆さんは、なぜアメリカの人たちが男女ともに、あれほど家庭を大切にするのかわかるだろうか？　それは、厳しい競争社会で戦う人間には、戦えば戦うほど深くなる分離不安を癒す場が必要となるからだ。だからこそ、彼ら彼女らは家族を心から愛し、大切にしようとする。

今の日本は、間違いなくアメリカと同じように癒す場が必要なのだと私は思う。

これからは「他人の価値」が高い時代になる!

少し厳しい現実を書かねばならないと思う。

この30年あまりの日本の変化のことだ。

年功序列制から個人の実力が評価される成果主義に変わってきた日本企業の中で、ましてや定年間近になってきた50代半ばから後半にかけての世代には、分離不安を癒す場など、どこにもないことに気づくだろう。

「家庭」こそその場だ、と言いたいところだが、「熟年離婚」という言葉の一般化が象徴しているように、長年、企業の中で戦ってきた男性陣の多くが（もちろん女性の社会進出も著しいので男性にかぎらないが）、家庭にさえ自分の居場所を見出《みいだ》せないでいる。配偶者との関係性も決していいとは言えない。

これは男性陣にかぎらず、どなたにも言えることだが、社会で培ってきた経験とともに、そして年齢を重ねるごとに、もうひとつの家庭として拠《よ》り所《どころ》（居場所）となっていた会社や組織のあり方のみならず、自分の立ち位置さえも崩れてしまっている状態ではないだろうか。

保護から競争へと、国全体の政策も大転換している。今の社会の状況に気づかず、今までの自分の功績のみにしがみついている人は、かなりヤバい状態だと言えよう。個人が人生の目的を明確にもち、モチベーションを維持していかなければ、成功できないどころか、生き残っていけない時代になってしまった。

どんどん、あなたの分離不安をあおるような出来事ばかりが起きてくるだろう。どんなに能力があっても、たった1人で戦うことはできない。扁桃核が「不快」でい続け、過大なストレスを抱えたままでは、破滅への道が待っているだけだ。

だからこそ、社会生活において、もちろん家庭生活においても言えることだが、「人気」という気の流れが重要なのである。人との関わり・交わりが最重要になっていき、「他人の価値」が今以上に高い時代となるだろう。

「ひとりぼっちになるな」「ひとりぼっちをつくるな」

今までの人生で、まわりの目を気にしながら生きてきた方、もちろんそれは悪いことではなかった。あなた自身が守りたい家族や大切なもののために、いろいろと嫌なことを辛抱されてきたのだと思う。

どうだろうか。残りの人生、数多くの人間関係において、仮に〝10段階〟というレベルがあるとするなら、せいぜい〝5レベル〟の付き合いでいいんじゃないか。ほんの数人とだけ〝9レベル〟で付き合えればいいんじゃないか。

もちろん自分自身が元気になれる相手も必要だが、あなたのことを叱《しか》ってくれる人、ダメなモノ・コトは、はっきりとダメだと言ってくれる人とも、ぜひ大切にお付き合いしていただきたい。会う回数ではなく、質の話。もっと人間関係の質を向上させよう。

新型コロナウイルスパンデミック禍では、世の中にたくさんのコミュニティ（共同体）が誕生している。今ふうにオンライン社会の中にもあるし、もちろんリアルな集まりも数多くある。

◎暮らし方を共有するコミュニティ
◎趣味を共有するコミュニティ
◎これからの働き方を考えるコミュニティ
◎「食」や「農業」に関心の高いコミュニティ
◎教育の未来を考えるコミュニティ
◎これからの経済や働き方を考えるコミュニティ

挙げればキリのないくらい、数々のコミュニティが誕生しているので、それらのどこかに所属するのも得策だと思う。人間関係が苦手な方も、思いきって関わってみると、それだけで安心感や充実感が得られることも多いだろう。

「人間関係を整える」ということは、まずはもう1人の自分との関係を、今一度整理しておく必要があるとも言える。これまでの章で取り上げた「自分を整える」「生活を整える」を実践しながら、ぜひともいろいろなチャレンジを試みていただきたい。

「六方拝」が伝える感謝のこと

現在の生活の状態、境遇、職業、
何もかも一切のすべてを、
心の底から本当に満足し、
感謝して生きているとしたら、
本当にその人は幸福なのである。
心が積極的になれば、
たとえ人生に苦難苦痛があろうと、
心の力で喜びと感謝に振りかえることができる。

思想家　中村天風

「山是山、水是水（やまはこれやま、みずはこれみず）」

これは禅語では有名な言葉である。意味は、山は山として本分をまっとうし、水は水として本分をまっとうすることにより、自然の中で共存するということ。これを私たちの「人間関係」に置き換えるなら、こういうことになるだろう。

「相手には相手の価値観があることを知る」

これからの時代の人間関係を考えたとき、習慣という観点から次のことが重要であると言える。1人では生きていけない。しかし、誰かや何かに依存することなく、自分の生き方やあり方をしっかりもちながらも、他者の価値観も尊重しながらともに歩いていくことが大切だ。思いも寄らないストレスや不安を感じることもあるだろう。それらに強くなるためには何が必要か。重要なことは2つだと思う。

1「他人に振り回されない」ということ

2「取り越し苦労病にかからない」ということ

できれば、この考え方を基本として生きていきたいものだ。

今までは、仕事上の絡みで、業務以外にも他人さまとの関係性でいろいろと悩んだことだろう。あるときは迎合もしたかもしれない。しかし、これからは**「近すぎず遠すぎず」、他人に振り回されないで「私の人生」を生きたい**ものだ。

それを実践するためにも、「六方拝」という教えを読者の皆さんと共有したい。これはお釈迦《しゃか》さまの教えのひとつである。「東」「西」「南」「北」「天」「地」の六方すべて各方面に感謝しなさい、という内容で、時には「ありがとうございます」と声に出して唱えることもある。

「相手がいて、自分がいる」「自分はまわりに生かされている」

自分の人生を「私」らしく生きていくとしても、やはりまわりのたくさんの人たちとの関わりがあって成せること。これまでの章でも何度も書いてきたが、そのためにも「感謝の心」は、いつ、どんなときも忘れたくはない。

お釈迦さまが説いた「六方拝」とは、自分を取り巻く厳しい環境に対して、ひたすら感謝することで、脳の扁桃核の「不快」を「快」に塗り替え、私たちが強く、そして優しく、幸せに生きていくための術《すべ》なのである。

大切なポイントは、自分自身が抱いている「一方思考」をあらためること。

これは読んで字のごとく、一方からの思考――つまり、「自分がいて、相手がいる」というように「自分のために、相手が動くべき」とか「自分と比べて、相手は優れているのか、劣っているのか」と判断基準が自己中心的になってしまうことを言う。

そのような一方的な関わり合いをしても、相手の脳は「快」にならないだろう。

一方思考の本質は「自分の考えが正しい」という停滞思考なので、余裕をもって相手を思いやる気持ちなど湧いてこない。やはり「感謝の心」をもってあらゆる方面にその心を伝えたいものだ。

感謝する気持ちがあれば、相手もあなたのことを好きになってくれるはずだ。

次のページに「六方拝」の基本的な考え方を具体的に記載する。

できれば声に出して読んでみていただきたい。

◎東に向かって、自分を生んでくれた両親・祖父母・ご先祖さまに
「ありがとうございます」と感謝
◎西に向かって、家族に
「ありがとうございます」と感謝
◎南に向かって、今までお世話になった恩師・先生・上司など、さまざまな師に
「ありがとうございます」と感謝
◎北に向かって、友人・知人、仕事関係の方などに
「ありがとうございます」と感謝
◎天に向かって、命を守ってくれている太陽・空・大気、その恵みに
「ありがとうございます」と感謝
◎地に向かって、命を育んでくれる大地・海、その恵みに
「ありがとうございます」と感謝

六方拝の図

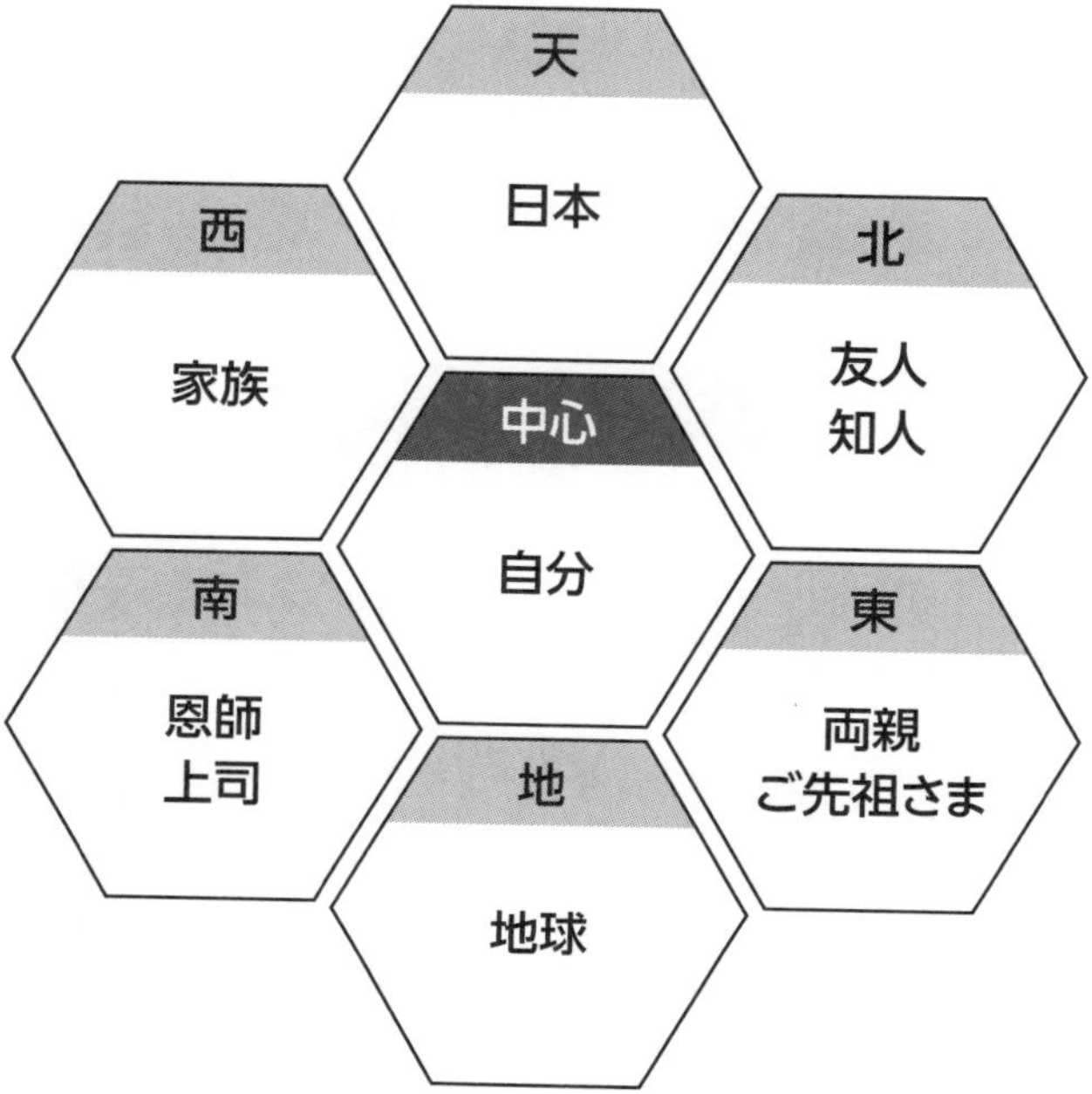

六方拝は「感謝脳のネットワーク」づくり

「六方拝」の基本的な考えは、六方面に対する感謝の心である。中心に「自分」のことを記し、東に「両親」や「ご先祖さま」、西に「家族」、南に「恩師」や「上司」、北に「友人」や「知人」、そして、天には大きな視点で「日本」、さらに、地にはやはり大きな視点で「地球」と書く。

これは、どんな環境や状況であっても「感謝できる」という最強の思考を鍛えるわけなので、そんな簡単にできるモノではない。書きながら、それぞれの人たち、モノたちに対して、さまざまな気持ちが溢《あふ》れてきたと思う。

場合によっては、感謝の気持ちがあるものの、どうしても許せない感情までが出てきてしまうことだってあるかもしれない。それでも落ち着いた気持ちで、ゆっくりと丁寧にそれらの人々と向き合っていくと、それぞれに対して「感謝脳」が芽生えてくるはずだ。

特に、人間だけではなく、天の「日本」や地の「地球」へと思いを馳《は》せたとき、これまで私が立ち会ってきた人たちの中で、次のような気持ちになった方々も少なくなかった。

「大自然に比べたら、自分はなんてちっぽけな存在なんだろう」
「私は、大自然という大きな命の中で生かされている存在にすぎない」
「自分もいつかまた大自然の大きな命の中に戻っていくのだろう」
「だからこそ今、生かされているこの命をどう使っていくのか」

「感謝脳」は、まるでネットワークのように、各方面に向かって拡がっていき、その思いはしっかりと結びついていく。

「ご恩返しのために、自分は命を燃やして何をするべきか」

決して自分1人で生きているのではなく、さまざまな人たち、モノやコトに囲まれながら生きていることへの感謝と、その恩返しをどう表現するのかを考えるようになるのである。

「六方拝」を実践しながら、自分を取り巻くものとの関係性を見つめていただきたい。

「10人の法則」から学ぶ

人望とは実際の力量で
得られるものではもとよりないし、
また財産が多くあるからといって
得られるものでもない。
ただ、その人の活発な知性の働きと、
正直な心という徳をもって、
次第に獲得していくものなのだ。

教育者　福沢諭吉

私の師匠・西田文郎先生から教えていただいた**「10人の法則」**をこの章の「人間関係」の習慣として取り上げておきたい。これは「感謝すべき10人に1年以内に会いに行き、感謝の心を伝えなさい」という教えのことだ。

10人……。さて、どんな人がいるのか？

あなたも考えてみてほしい。どのような人たちが浮かぶだろうか。

決して、すぐ身近にいる会いやすい人たちばかりではないだろう。

「これまでの人生で、受けた恩に気づかずに別れた人」

「側《そば》にいて支えてくれたことに対して、感謝の言葉を伝えられなかった人」

不義理へのお詫《わ》びがまだ言えていなかった人もいるかもしれない。そういう人たちも交えた10人なのだ。

「会うのが恥ずかしい」

「嫌な顔をされるんじゃないか」

「今さら合わせる顔がない」

〝できない〟〝難しい〟〝恥ずかしい〟など、「快」なんて程遠く、感情が大きく「不快」に振れることだってあるだろう。しかし、そういう人ほど、10人に会うことを達成したときの喜びもひとしおなものだ。「10人の法則」を実践することで、人間の扁桃核は「快」となり、すべてを肯定的に受け入れられる最強な脳へと生まれ変わるわけである。

私の場合は、1年間では達成できなかったので、2年がかりで10人に会いに行った。中には残念ながらお墓参りという形になってしまった方もいたし、アポを取ろうとして拒否された方もいらっしゃった（その方にとっては余程、嫌なやつだったのでしょう）。さすがに辛《つら》い気持ちが湧いてきたモノだ。

結局は、お会いできなかった方がいたものの、行動してみたことで、何かが吹っ切れたように感じ、いろいろな物事にも集中できるようになって、人生もツキと幸運に恵まれるようになった。

この「10人の法則」には、さまざまなパターンがあって、私がチャレンジしたのが、もうひとつの**「人望を築くための10人の法則」**というものだった。人望とは、その人に対して多くの人が寄せる尊敬・信頼・期待の心のことだが、そういう人望のある人10人に会いに行き、そこからどんなギフトをいただくのかを体感するのだ。

名前	伝えたい感謝	名前	伝えたい感謝

「人気」と「人望」と「人徳」の違い

人望のある人10人に会いに行ったら、一体どうなるのか？

確実に実行できれば、あなたは間違いなく100パーセント人望のある人間になるだろう。そういう人たちに会いに行く……という習慣が日常的に身につけば、おのずと学びは深くなっていくものだ。その10人は、あなたに2つのプレゼントを与えてくれるだろう。


本題に入る前に、余談をお伝えしておきたい。

人から好かれている人、そして「運」が強くて、人を喜ばせることに長《た》けている人たちには、**〝人〟という字を用いた3つの段階がある**という話である。

まずは**〝人気のある人〟**。人に好かれていて、好感をもたれている人々のことだが、その人がひと声かければまわりが動くような人。講演でも、イベントでも、努力をすることで人を集められる力がある。

しかし、人気だけで飯は食えないのも事実だ。時に人気は上がったり、下がったりするものであり、ファンも日和見的《ひよりみてき》な人が集まってくるケースが多い。

次に **〝人望のある人〟**。このタイプの人々は、人から信頼され、尊敬され、そして期待されている。人からそれらの思いを与えてもらえるタイプである。

本人は、その期待に応えようと思っていないパターンが多い。でもまわりが期待するパワーをもっている。みんなが望んでいるような人生を歩んでいる人々が多く、憧れを抱かれることも多い。人望がある人は、何かをすれば、必ず向こうから人が集まってくるだろう。

そして最後が **〝人徳のある人〟**。これはエネルギーや、やる気を、無償でまわりに与えられる人のことだ。こういう人には会うだけで、こちらが元気になる。何もしなくても、その人のまわりには人が集まってくるだろう。いるだけで存在感も半端ない。

「人気」と「人望」と「人徳」——あなたは、どのタイプの人間になりたいだろうか？なってみたいだろうか？

人望者たちがくれる2つのプレゼント

さて、「人望を築くための10人の法則」で出会った人たちからいただける、2つのプレゼントについての話に戻そう。

ひとつは**「気づき」**である。人望のある人たちとの付き合いによって、あなたは自分に足りないものに気づき、その人たちがどうして人望を集められるのかを学ぶことができるだろう。

ちなみに、友人や知人があなたに教えてくれるのは、小手先のノウハウや具体的な戦略・戦術であることがほとんどだ。時には活用できるモノもあるので不要とまでは言わないが、そんな上辺だけのことではなく、もっと重要な「心のあり方」を、人望のある人たちはあなたに教えてくれる。

例えば、お金持ちの人望者は、ただお金をもっているだけではない。お金持ちになる方法を知っていて、それを実行している。そういう方法とお金の特性をちゃんとつかんでいる姿と知恵を、あなたは学ぶことになるだろう。その学びが大きな気づきとなるのである。

もうひとつのプレゼントは**「本気」**である。自分の目指すべきものを手に入れられることは、とてつもなく凄《すさ》まじいまでの努力ができる人間だということでもある。

スポーツの世界でも同じで、世界を目指すような一流のアスリートになると、一般の人には想像もつかないほどの練習を積んでいる。考えてみれば、自分の能力の限界に挑戦し、それによって能力をアップさせようとしているのだから、〝苦しくなければおかしい〟。

ビジネスの世界においても、どんどん利益を上げて儲《もう》けている経営者は、例外なく本気で働いている。社員の先頭に立ち、社員の何倍も働き、常に情報収集のアンテナを張り巡らせて、経営の戦略・戦術も呆《あき》れるほど熱心に勉強する。勉強会や交流会にも頻繁に出席し、人脈づくりにも励んでいる。

あなたはきっと、そのような人望者の本気を目《ま》の当たりにして、震え上がるときだってあるはずだ。

「気づき」と「本気」――1年間で人望者10人に会えるかどうかは、あなたの努力次第だが、「必ず会える！」という気持ちを習慣化させて、ぜひチャレンジしてみてほしい。どんな朗報と出会えるのか、私にも話を聞かせてほしい。

「お金の価値」は どこにあるのか？

賢者は財宝を貯《たくわ》えない。
人に与えれば与えるほど
彼の財宝は豊かになる。

中国の哲学者　老子

本書の最後は「お金の話」である。これを習慣的にどうやって整えるのか。

お金の話は難しい。なぜなら、お金は扱う人によって価値が変わるから。

例えば、ある人にとっての「10万円」は喉から手が出るくらい今すぐ必要なモノだったりする半面、ある人にとっては小銭感覚で扱えるモノだったりする。

要は、その人の仕事内容や置かれた環境によっても、お金の扱い方やそれに伴う価値観も変わってくるというわけだ。なので、お金そのものを〝主語〟に据えてしまうと、振り回される原因にもなりかねないと私は思う。

しかし、お金の話は、実に簡単だとも言える。「吉井さん、どういうことですか？」って、ちょっと次の話を読んでみてほしい。

私は、いろいろなところからお声をかけていただいて講演をさせていただく。

企業向けのようなクローズドな場所から経営者などの特定のジャンル向け、教育機関や個人が主催するイベント的なものなどまで、ありがたいことに多種多様な機会をいただくことが多い。大体いくつかのテーマを想定しながらパワーポイントや資料を用意しているが、面白いのは講演謝礼の話になったときである。

ある会場では、2時間の講演に30万円の講演謝礼をいただけたとする。内容は、とあるIT系企業の新入社員向け。一方、ある経営者の集まりから、社会へと旅立っていく若者向けの講演を依頼され、「但し、会の主旨で謝礼は10万円で申し訳ありませんが……」と言われたとしよう。

2か所で話す内容の骨子は、想定される参加者の年齢層からいって変わらないとイメージしたが、さて、私の話の価値は、お金で換算するといくらになるのだろうか？

答えは——私の話す内容そのものに値段など付けられない、ということだ。誤解のないように言っておくと、話す内容に価値はある。当然だ。私の長年の経験と体験から一生懸命組み立てた内容に価値がないわけがない。それだけ真剣に、聴いてくださる方々を思いながらさまざまな講演や講座のカリキュラムを組んでいる。価値がないものなど提供できるわけがない。

そうではなくて、どんな講演でも主催者がいる場合、その話自体に私が値段を付けることなどできない、ということだ。もっとはっきり言うなら、主催してくださる方々の環境や背景によって値段が変わる場合もありうる。

もちろん、私も会社を経営している以上、自分が提供する商品（コンサルタント業や講演、講座、本など）に値段は付けている。しかし、どの経営者もきっと同じだと思うが、お客さまのご事情や思いに合わせてカスタマイズしていくことも大切だと考え、「予算に応じる」といった臨機応変さももち合わせているものだ。

このような話をもち出して、なぜ「お金の話は簡単だ」と言えるかというと、早い話、お金の価値など自分で決めたらいい、ということだ。つまり、**お金そのものに価値はない**ことを、ちゃんと知っておいてほしいのである。そこを間違えてしまうと、先に書いたようにお金に振り回される考え方になってしまうだろう。

お金そのものに価値はなく、**お金は使う側、払う側によって価値が変動する。**

その点を踏まえておいてほしい。

つまり、「お金を整える」とは、お金そのものを整えるというよりは、やはりお金を扱う「あなた自身」を整えることになるのである。

自分自身の自己投影が
お金の出入りを左右する

お金の管理に長《た》けた人は、
1ドルを節約するほうが
1ドルを余分に稼ぐことに比べて、
どれだけ簡単かを
本能的に知っている。

投資家　ロバート・G・アレン

「女子慣れしている男子」は女子にモテる。

これは時代が変わっても普遍的な真理だと私は思う。同じことがお金にも言える。

「お金慣れしている人」はお金にモテる。

私自身も若いときは、お金そのものをギラギラ追いかけていた時代があった。もちろん私の中では「家族のために稼ぐんだ」という大義名分もあったが、人生も半分を過ぎた頃から少しずつ「お金」に対しての概念が変わってきたように思う。「慣れる」ことに気づき、慣れるためには「整える」という感覚が必要だ、ということもわかってきた。

まわりの成功者と言われる人たちを観察していると、皆さん誰もがお金に対して整っている。そして、お金慣れしている人は、お金の流れを加速させる術も知っている。慣れているから流れを知っていて、その流れがどうすれば勢いを増すのかも熟知しているのだ。

逆に、慣れていない人はお金を滞らせる。堰《せ》き止められた川の水がやがて濁ってしまうように、お金が流れないから入ってもこない。

今さらながらと思うかもしれないが、とにかくお金と仲良くしよう。そして少しでも特性を知って慣れておくこと。

そのひとつとして、信じて考える習慣をつけることをおすすめする。**「お金は常に流れているから、出て行ってもまた入ってくる」**と信じること。そして、そうなっていくために、「自分に何ができるか」を考え、その何かを「自分にはできる」と信じることが大切だ。

私が今、確信をもっていることをお伝えしておくと、それは**「自分自身の自己投影がお金の出入りを左右する」**ということである。一人ひとりの自己肯定感、自己有用感が、あなたを取り巻く「お金」の流れを大きく左右しているのだ。

お金を「どう使うか」「どう受け取るか」は表裏一体である。

「自己投影」とは「他人さまは自分と同じ気持ちで、同じようなことをしているだろう」と無意識のうちに、自分が苦しいときは他の人も苦しい、嬉《うれ》しいことがあれば他の人も嬉しい……と感じてしまうことだ。

自分がお金を喜んで使うとする。お金を使うことは、ものすごく嬉しいことだと感じながら。そして、ここで自己投影が作用した場合、「嬉しい・楽しい」と思ってお金を使うと、今度は、あなたを見ているまわりの人たちも「嬉しい・楽しい」という気持ちでお金を使ったのだと思い始めるから面白い。

つまり、喜びとともにお金を使う人は、自分が受け取るお金も、喜びとともに相手に使われたと信じることができるようになるのだ。

ここで重要なことは、「受け取ることに抵抗なし」という感情になること。

自分もそう考えて生きているのだから、今受け取るお金も「このお金は誰かが喜んで使ったモノだ」と信じられるようになり、喜んで受け取れるわけだ。

自分自身の思考でお金を受け取ることに許可が出せるので、実際にお金が入ってきやすくなるということなのである。

よく、商売をされている方の中には、自分の価値とか取り扱い品の価格を低く低く設定される方がいらっしゃるが、それも自分自身の自己投影にすぎない。

逆もまたしかり。苦しみとともにお金を使う人は、自分が受け取るお金も苦しみとともに使われたと信じてしまうので、ますますお金が入りにくくなるのである。

お金を使う価値と受け取る価値

金銭に左右されるのではなく、
金銭を左右する人間になれ。

経営者　松下幸之助

あなたは笑顔で生きているだけで価値がある。

そう思えない人もいるだろうが、命のつながりの奇跡（１１５ページ参照）から考えても、生まれてきたこと自体の奇跡は計り知れない。

大切なのは、もっといろいろな**「価値があること」**に重きを置くことだ。

同じように、間違ったお金の呪縛にもとらわれないでいただきたい。

「価値を提供しない人間には価値がない」を真に受ける人間は、

「お金を受け取ってはいけない」

「お金をムダに使ってはいけない」

という思考になってしまいがちだ。

誰もが、これまでの人生の中で一度や二度くらい「価値のないものにお金を使っちゃったな」と思った体験があるだろう。そのときは「しまった」「間違った」と痛い目にあったかもしれないが、だからと言って「お金をムダに使ってはいけない」という考えだけを強く頭に置いて生きていくのはどうだろうか？

「価値あるものを提供しなければ……」

そう強く考えながら生きてしまっている人も少なくない。

ここで、「価値」そのものについて再考してほしい。


「価値」は、大別して2つ存在すると思う。

ひとつは、自分で決める価値。人さまがなんと言おうが、自分がいいと思えるものに、人は価値を見出すだろう。その人の感性が**〝好み〟**となって価値をつくる。

もうひとつは、他人が決める価値。芸術作品などがいい例で、作者がなんと思おうが、観る側、その作品を購入する側が価値を決める。もし作者が、他界してから自分の作品の価値が跳ね上がるのを見たとしたら、驚く場合もあるだろう。

お金を使う価値と受け取る価値についても、そろそろ心のブロックを外したほうがいい。


私の講座でもよく話すことだが、特に日本人はお金に関する教育を受けていない人がほとんどなので、抵抗感が半端ない人が多すぎる。若い人たちだけでなく、50～60代になっても、強烈なブロックに縛られている人がほとんどだ。

「お金のことにふれるのは良くないこと」

お金は何も悪くない。もちろん受け取ってもいいし、そこがクリアになると気楽にお金を受け取れるようにもなる。心のブロックさえ外せれば、より多くのお金の流れが生まれることにもなるのだ。

思考習慣とは厄介なものだ。お金がほしいと言いながら、本当に手にしてみると、いろいろと悪いコト、物騒なコトが起きるのではないかと心配をする。

そういう思考は、いかがなものだろうか。

あなたに質問しよう。お金持ちになったらどうなりたいか？

今あなたが、もしもネガティブなコト、何かマイナスの思考が浮かんだら「お金」「お金持ち」に対してネガティブなイメージがあるということである。それはきっと、あなたの過去に刷り込まれているのだろう。いい加減手放したほうがいい。

「どうして私はお金に対してそう思うのかな」
「お金って怖いものだと親を見て知っている」
「私は悪くない。お金にだまされたんだ」

「あのとき、あの出来事でお金がなくなった……」

そういう呪縛はもういい。考えることこそムダである。

人生の残された時間にフォーカスし、お金に対してどうありたいかの理想像を思い描いてみよう。もっと自分の価値を見出したほうがいい。

そして、自分の価値がはっきりしたあとは、それを手にしながら感謝と豊かさの中で生きている自分をイメージしてみよう。

脳はイメージを実現しようとするだろう。イメージ＝結果である。

お金に対する思考の整理で、いちばん簡単かつ重要なポイントだ。

「お金は、楽に使うと、楽に入ってくる」

今までの人生で、ビジネスの場面でもそうだったはずだ。

勝負のロジックで「勝てるかどうか」ではなく、「楽しいかどうか」でやったときのほうが成果に結びついただろう。「楽しいかどうか」で生きている人たちには、同じような思考の人が集まってくる。「類は友を呼ぶ」である。

今までは、社会全体の評価軸が「どれだけ苦労して勝ち残ったか」を重要視していたので、「楽しいかどうか」で生きている人は「苦労のない人」としてなかなか評価されなかった。お金に関しても同じことが言える。

しかし、時代も大きく変革し、別次元のレベルに進化していこうとしている今、ぜひあなたも「楽しいかどうか」「やってみたいかどうか」の世界で生きていってほしい。そう生きると決めていただきたい。そのような視点でお金の価値も考えてみていただきたい。

私たちが刷り込まれたロジックから抜け出すには、お金へのマイナスのイメージを取り払うことが必要なのである。今からでも遅くはない。

第4章のまとめ

◎「ひとりぼっち」にならないための人間関係をつくろう

◎日頃から「他人の価値」を認め合う関係づくりを習慣にしよう

◎自分の趣味趣向に合った「コミュニティ」と関わってみよう

◎「六方拝」を活用して感謝を伝える習慣を実践しよう

◎「10人の法則」で自分の人望を築こう

◎お金の価値は使う側、払う側によって変動するもの

◎自分自身の自己投影がお金の出入りを左右している

◎「価値」を再考する習慣を身につけよう

◎お金は「楽に使うと、楽に入ってくる」

あとがき

最後まで読んでいただいて、心から感謝申し上げたい。

私は、なんとか64歳まで生かしていただいた。この命がどこまで続けられるか私にもわからない。もちろん、これまで順風満帆の人生ではなく、いろいろな場面で困難にも直面した。また、自分を自ら情けない人間へと落としてしまった時期もあった。よし「この道だ」と、やっとの思いで見つけた道ですら踏み外したことも、そして大切にしなければならない人ですら傷つけてきたこともあった。友達と呼べる人もどんどん離れていった時期も……ある。

すべては自分自身の人間力の乏しさと、常に自分の現在地について勝手に都合よく勘違いしてきたのが原因である。

「習慣形成」という言葉と出会ったのは34歳のとき。そこから少しずつ**自分の現在地**が理解できるようになった。最初は「なんでこんなにダメダメ人間なんだ」と落ち込むこともあったが、なんとかここまでコツコツやってきた。

私が48歳のときに、脳の研究を続けてこられた株式会社サンリの西田文郎先生に出会ったことで、「もう一度、本気で出直そう」と思えるようになった。50歳から学び直しが始まって、**「学ぶとは変わること」**と強く念じて行動し尽くした。そして学んだコトを「死に学」にせずに、いかに「活学」にし、自分自身の人生の「実学」にできるか、と今日まで生きてきた経緯がある。

今、この本を読んでいただいているあなたはおいくつだろうか？

50代や60代、ひょっとしたら70代の皆さんも、まだまだこれからだ。

私たちの人生、**面白いのは「こ・れ・か・ら」なのである。**

私はダメダメ人生でたくさんの人に迷惑をかけ、大切な人も見失ってきたが、50歳からでも、なんとかこうやって生きてこられている。少しは人さまのお役にも立てているだろう。私でもなんとかなったのだ。あなたにできない理由などない。

30代や40代の方にも手に取っていただけているなら、皆さん、ぜひ今からイメージをつくりながら生きていってほしい。あなたは何のために生まれてきたのか、誰を喜ばせるために生きているのか、そしてあなたは自分の生き様を通じて何を残すのか。

すぐに明確な回答が出る方もいらっしゃるだろう。もしも「わからない」とおっしゃる方は、今はわからなくてもいい。但し、考えてほしい。考え続けながら日々のお仕事に励んでほしい。**考えるのを止めることだけはしないでいただきたい。**

私は、30年間やり続け、皆さんに提供させていただいている**「習慣形成トレーニング」のメソッド**と、**脳科学に基づいたメソッド**を掛け合わせ、**「私と出会っていただいた人は必ずより良い人生になる」「人生はいくつからでも出直しできる」「習慣を変えることが人生を変えること」**を日々徹底的に思い続け、自ら実践し、自分の残された人生をかけて、伝え続けていこうと思う。

「他人さまの、お役に立ちなさい」

私の母の口グセだったこの言葉を、今64歳になり、今回の企画で執筆させていただいたことを機に、あらためて肝に銘じ生きていこうと決めた。

私は、出直すと決めてから、多くのツキと幸運に恵まれてきた。その理由は特別なことではない。それまでは「当たり前」で「ありきたり」のことが、まったくできていなかった。それを意識し、実践する習慣をつけていったからだと思っている。

その「当たり前」で「ありきたり」のことは、家族・恩人・親友を大切にするということである。やっとわかったのだ。やっとその言葉の意味が理解できて、少しずつ実践できるようになってきた。50歳を過ぎてからとは、なんともお恥ずかしい話だが。

両親や祖父母や子どもたちという家族、その人のおかげで今の自分が人として生きていくことができている恩師や親友。この人たちを大切にできない人は絶対に成功しない。人生で真の幸福感を味わうことはできないと実感している。

その**思考習慣と行動習慣**や、自分自身の歩んできた道、好ましくも好ましくなくも過去の人生の自分史を否定せず、尊重することに尽きよう。

家族のため、地域のため、日本のため、未来を担う子どもたちのために、まだまだあなたの出番はたくさんある。

但し、周囲の人を喜ばせながら、自分の意志を貫くためにも、その意志を尊重し、応援していただける環境を**自らつくっていく努力は必要である。**

あなたはあなたのことが好きだろうか。あなたご自身をあなたがいちばん愛してあげているか。どうか大好きでいてあげてほしい。どうか愛してあげてほしい。人生という航海はまだまだ続くのだ。

あなたはあなたの最強で最高の応援団なのだから、先祖を敬い、家族を敬い、友人を大切にし、あなた自身を愛し、人生という航海を整えていこう。

文末になったが、今回の執筆にあたり、多くの刺激とお力添えをいただいた編集者の鈴木七沖さんと、サンマーク出版の皆さまに心より感謝申し上げたい。

本書との出会いが、あなたが本来もっている力を発揮できるきっかけとなり、幸福感に包まれながら、残りの人生を送ってくださることを願っている。

時代の流れがどれだけ激しくなろうとも、志を抱きながら生きていくという姿勢を、伝承・伝達していこう。

そのために、今あなたができるコトを、一つひとつ丁寧に、誠実に実践していこうではないか。

ナニワのメンター〝ナニメン〟こと　吉井雅之

【参考文献】

・『天運の法則』西田文郎 著（現代書林）
・『10人の法則』西田文郎 著（現代書林）
・『マザー・テレサ１００の言葉』マザー・テレサ 著（女子パウロ会）
・『脳は若返る』茂木健一郎 著（リベラル社）
・『心を励ます中国名言・名詩』河田聡美 著（幻冬舎）
・『脳はなんで気持ちいいことをやめられないの？』中野信子（原案） ユカクマ（漫画）（アスコム）
・『スティーブ・ジョブズ全発言』桑原晃弥 著（ＰＨＰ研究所）
・『トーマスエジソンの「ビジネスと人生を逆転させる魔法の名言集」』（ＡＩ・Ｂｉｚ出版）
・『超訳ニーチェの言葉』ニーチェ 著（ディスカヴァー・トゥエンティワン）
・『心を整える。』長谷部誠 著（幻冬舎）
・『マーク・ザッカーバーグの生声』ジョージ・ビーム 著（文響社）
・『「幸福力」を高める生き方 中村天風名言集』松本幸夫 著（経済界）
・『松下幸之助 成功の金言３６５』松下幸之助 著（ＰＨＰ研究所）
・『習慣が10割』吉井雅之 著（すばる舎）
・『最短最速で理想の自分になるワザ大全！ 習慣化ベスト１００』吉井雅之 著（宝島社）

感謝の気持ちを込めて
読者の皆さまへプレゼント!

特典1【習慣形成トレーニング動画 Vol.1 】プレゼント

習慣形成トレーニング動画シリーズ全10巻の第1巻をプレゼント
「習慣形成とは何か?習慣の成り立ちや習慣の基礎」をお伝えしております。

特典2【シンプルタスクオリジナル:ワンダフルノート Vol.2】プレゼント

毎日実践できる習慣化ノート、1日1日の良き振り返りと明日への意識付けにご活用ください。

プレゼント特典の取得方法

①右の QR コードを読み込み、シンプルタスクオフィシャル LINE に登録!

②登録後、シンプルタスクオフィシャル LINE より特典1の動画をプレゼントします。

③オフィシャル LINE のトークより以下の3つのご回答をお願いします。
ご入力をいただいた方に特典2【ワンダフルノート Vol.2】をプレゼントします。

オフィシャル LINE へのご回答

A:書籍の感想

B:書籍購入のきっかけ(例:書店の広告・吉井雅之の Voicy・メルマガ・講演会など)

C:ワンダフルノートの送付先　<お名前・郵便番号・ご住所・電話番号>

※特典動画は URL よりご視聴いただけますので届いた URL をご確認ください。
※ワンダフルノートの詳細は https://simpletask.shop/products/detail/53よりご確認ください。
※このプレゼント企画は吉井雅之が代表を務めます有限会社シンプルタスクが実施するものです。
プレゼントに関するお問合せは st-info@simpletask.co.jp までお願いします。

〈著者紹介〉

吉井雅之（よしい・まさし）

1958年、神戸市生まれ。有限会社シンプルタスク代表取締役。No. 1習慣形成コンサルタント。喜働会会長。ＪＡＤＡ協会ＳＢＴ1級コーチ。「大人を元気にする」を使命に、自己実現のための習慣形成連続講座『喜働力塾』を全国で開催。延べ84期を実施し、卒業生は4,000人以上となった。習慣形成のメソッドを中心に、成果・結果を積み上げていく方々を、今なお多数輩出し続けている。多業種にわたり各企業の顧問として、人間力戦略のコンサルティング、人材育成トレーニングを中心に増収増益のお手伝いを担当する傍ら、習慣形成を軸に人材育成トレーニングや講演、セミナーで全国をまわっている。これまでに約6万人の実践トレーニングを行った。また、子どもたちの夢を叶えるために、小、中、高等学校の生徒向け、保護者向けの講演も積極的に行っている。脳の機能と習慣形成を活用した能力開発で、ビジネスマンだけでなく、スポーツチーム指導、受験生の能力アップも行っている。著書には『成功する社長が身につけている52の習慣』(同文館出版)、『習慣が10割』(すばる舎)、『知らないうちにメンタルが強くなっている！面白いように自信がつく「21のきっかけ」』(王様文庫)、『人生を変える！理想の自分になる！超速！習慣化メソッド見るだけノート』『最短最速で理想の自分になるワザ大全！習慣化ベスト100』(ともに宝島社)などがある。

人生の習慣を整える

初版印刷　2023年5月 1日
初版発行　2023年5月15日

著　　者　吉井雅之
発 行 人　黒川精一
発 行 所　株式会社サンマーク出版
　　　　　〒169-0074　東京都新宿区北新宿2-21-1
　　　　　(電話)03-5348-7800
印刷・製本　中央精版印刷株式会社

ISBN978-4-7631-4036-4　C0030
ホームページ　https://www.sunmark.co.jp